© Edición Galaxia, 199?
O Ribeiriño-Estrada de Outeiro, 30-a
Telephone: 78-98-21/-99-06
ISBN: 84-7507-XX-X
Composición: Espacio Gráfico / Vigo
Tirada: ? Exemplares

Edición: Xesús Vaz Carballa
Fotocomposición: Xúpiter (Vigo)
Impreso en: Imprenta... S.R.L.
Artesanía, 17.
Polígono Industrial de Bazán (Marín)

Director de colección:

Xosé Ramón Pena

Deseño da colección: REVISIÓN

© Camilo Gonsar, 1980
© Edicións Xerais de Galicia, S. A.
Dr. Marañón, 12 - 36211-VIGO
ISBN: 84-7507-400-6
Depósito Legal: M. 29.809 - 1989
Printed in Spain
Foto do autor: Vilar Cardona
Fotocomposición: Marín (Vigo)
Impreso en Josmar, S. A.
Artesanía, 17
Polígono Industrial de Coslada (Madrid)

BIBLIOTECA DAS LETRAS GALEGAS

CAMILO GONSAR

Cara a Times Square

Edición de Xosé Luis Franco Grande

EDICIÓNS **XERAIS** DE GALICIA

ÍNDICE

INTRODUCCIÓN

PERFIL BIOGRÁFICO

Nacido en Sarria (Lugo), o 12 de agosto de 1931, de familia viguesa por parte materna e sarriana pola paterna, Camilo González Suárez-Llanos, Camilo Gonsar, é o segundo de catro irmáns. Logo de pasa-los primeiros anos na súa terra natal –moitas' horas na farmacia paterna, coñecida como a "Farmacia do Florido"– trasládase a Vigo, onde estudia o bacharelato nun colexio seglar.

Fai logo a carreira de Dereito en Madrid, aínda que sen vocación nin aptitude xurídicas. Tamén estudia Filosofía e Letras. A facultade resúltalle decepcionante se ben garda, excepcionalmente, bo recordo dalgún profesor, como Santiago Montero Díaz. Con grande lentitude rematou esta segunda carreira, matriculado case sempre por libre.

Arredor de 1952 ten contacto con algúns rapaces galeguistas que residen en Madrid, e asiste ás tertulias do Café Lyon D'Or, presididas, ás veces, por Ramón Cabanillas. Entre estes rapaces galeguistas destaca un de extraordinaria cultura científica, literaria e musical: Xosé Luis Allué Andrade, ó que verá tamén durante as súas vacacións –as de Allué– en Monforte de Lemos.

No nadal do 53, vai a Lugo, precisamente con Allué, e contacta, no Café Méndez Núñez, con Ramón Piñeiro, Celestino Fernández de la Vega... Posteriormente coñece tamén a Luis Pimentel, Ánxel Fole e ó autor destas liñas, entre outros.

Xa a mediados dos anos 50 –e logo de cumpri-lo servicio militar– entabla amistade en Madrid con Xosé Luis Méndez Ferrín, Ramón Lorenzo, Bernardino Graña e Raimundo Patiño, se ben será alleo á formación do grupo *Brais Pinto*[1].

Pasa anos de desorientación, máis ou menos bohemios, característicos, en todo caso, das xentes desta xeración, e, en 1956, trasládase a Londres, onde permanecerá durante case o tempo dun ano.

A partir de 1958 vive a maior parte do tempo en Sarria. Dous anos despois, por intermedio do profesor Ramón Martínez López e de Ramón Piñeiro, marcha ós Estados Unidos como "instructor" na Universidade de Syracuse.

En 1964, de volta en Galicia, fai oposicións a profesor de Filosofía para institutos de bacharelato. Logo de ter destinos en Lugo, Barcelona, Pola de Siero e Cangas de Morrazo pasa a residir a Vigo, onde exerce, na actualidade, a súa profesión de ensinante.

A súa obra narrativa está constituída, ata o momento, por catro volumes: *Lonxe de nós e dentro* (1960), *Como calquera outro día* (1961), *Cara a Times Square* (1980) e *Desfeita* (1983).

---

[1] O grupo *Brais Pinto*, do que formaban parte os autores citados, foi un dos máis importantes para a poesía galega dos anos 50.

CONTEXTO HISTÓRICO-POLÍTICO

Camilo Gonsar pertence a unha xeración galega moi definida, moi ben delimitada por aconteceres próximos ou inmediatos e por acontecementos do noso tempo. É unha xeración que inicia a súa formación na guerra fría e que vive os tempos da coexistencia pacífica. Poderíase dicir que é a xeración que vai coñece-la crise do nacionalismo e que vai vivir xa dentro do espírito supranacional. A crise de Suez (1956) e o Tratado de Roma (1957)[2] poden ser indicadores disto que afirmamos: o primeiro acontecemento facía evidente unha característica do mundo dos nosos días, tal como a internacionalización dos conflictos, ou, se se prefire, o feito de que no noso mundo xa entón os problemas verdadeiros non eran tan só nacionais, senón de xeral repercusión; e o segundo feito poñía de manifesto outra realidade: o mundo tende a que as barreiras nacionais se debiliten e aínda a que desaparezan. Do mesmo xeito que o mundo camiñou sempre cara a unha maior liberdade, á par tamén se move cara a unha maior uni-

---

[2] O tratado de Roma é a orixe do Mercado Común Europeo.

dade. De aí que os acontecementos sexan cada día máis xerais, ou que, aínda podendo semellar nacionais, a súa repercusión se produza a escala mundial.

É, tamén, unha xeración á que lle tocou vivir nun mundo cambiante, ás veces inseguro e moi vulnerable, mais, quizais por iso mesmo, un mundo rico, desconcertante e anovado. A unidade europea, a descolonización impulsada dende a Conferencia de Bandung (1955), a paulatina creación de institucións europeas, a crise dos mísiles cubanos (1962), os bombardeos de Vietnam do Norte (iniciados en 1964), a conquista do espacio exterior, ata chegar, nos nosos días, ó asentamento da teocracia despótica dos xiítas (integrismo islámico), etc., son feitos, entre outros moitos, que tiveron lugar ou que dalgunha maneira seguen producíndose agora mesmo, nun espacio temporal de pouco máis dun cuarto de século. Nese cuarto de século o mundo cambiou máis que en cen ou douscentos anos antes. O que introduce outro elemento novo na configuración do noso tempo, do tempo en que viviu a xeración do autor de *Cara a Times Square*: a celeridade, a rapidez, ás veces fulgurante, con que a face da Terra pode cambiar, a facilidade con que os mapas reflexan realidades novas en poucos anos, os cambios radicais que os medios de comunicación levaron e levan á nosa sociedade en dúas décadas, as mutacións que na mobilidade e desprazamentos introduciron os modernos medios de comunicación e de transporte...

O autor participou de diversos modos na formación dese mundo. Fíxoo de varias maneiras: saíndo do país en tempos en que non era nada doado, para entrar directamente no que entón se chamaba "mundo civilizado", en contraposición coa realidade tiránica e atrasada na que aquí se vivía. Foi Camilo dos poucos rapaces daquela xeración que fixo acto de presencia na década dos cincuenta ós sesenta, que saíu fóra, que se puxo en contacto co mundo que se estaba facendo moi lonxe do noso, que entrou en relación con países moi diversos dese mundo, dende a Gran Bretaña ós Estados Unidos, entre outros. Ou, por exemplo, tratando de facerse con linguas estranxeiras para mellor chegar ó coñecemento das literaturas doutras latitudes. No caso concreto de Camilo, á parte do estudio de varias linguas cultas, esa cobiza levouno ó estudio do noruego, podendo ler a Knut Hanmsum no seu propio idioma. Ou, ó cabo, identificándose simpaticamente con ese mundo, que nós chegaramos a sentir como un paraíso total ou como un degaro que quixeramos ver cumprido no noso país galego, á par que intimamente se rexeitaba o mundo no que nos tocara vivir, ó que culpabamos de arcaico e, por riba de todo, de atranco principal para o desenvolvemento da nosa personalidade integral.

É moi natural, pois, que todo isto leve directamente a dous feitos rexistrables en Camilo, así como noutros membros da súa xeración: a romper definitivamente co pasado da narrativa galega (isto é, romper cos seus procedementos, coa súa temática pechada, co seu ruralismo, etc.) e a enxertar na nosa narrativa procedementos novos, propios dese mundo que se estaba formando máis alá das nosas fronteiras: Mourullo, Méndez Ferrín e Camilo Gonsar, escritores tan diversos entre si –e eu diría aínda que moi distantes– veñen coincidir plenamente nos seus obxectivos, claramente confesados nalgúns deles, que así o explicitaron, e ben implícitos en Camilo, por exemplo, mais con resultados tan evidentes como en Mourullo e en Méndez Ferrín.

A prosa galega ten dous fitos: un é a Xeración Nós, que crea realmente a prosa galega –este é o seu mérito indiscutible– e outro os novos narradores, que incorporaron á prosa galega novos procedementos, as técnicas e maneiras de narrar que no mundo se practicaban dende Joyce, pasando por Faulkner e chegando ó *Nouveau Roman*, por exemplo. Hoxe xa non se pode poñer en dúbida que eles os tres son os creadores dunha narrativa galega moderna.

Camilo Gonsar, xa dende os inicios desta xeración, andaba a cismar en escribir doutra maneira, non só lonxe do ruralismo que tanto abondaba na prosa galega, senón tamén procurando unha prosa alonxada do dicir directo, isto é, sen so-

metemento ás probas das técnicas que polo mundo adiante se
viñan experimentando, que por aquí se escribía.

Mourullo, Méndez Ferrín e Camilo –seguindo a cronolo-
xía dos seus escritos– son a tríada de autores que acometeron
con decisión, con claridade de obxectivos e con coñecemento
directo da literatura do seu tempo esta tarefa sen tradición
entre nós. Eles comenzaron. E continuaron deica ós nosos
días, conseguindo que outros se incorporasen despois ó seu
labor.

Méndez Ferrín tense referido a que a "nova narrativa"
parte de dous núcleos: o coruñés e o compostelano: "O pri-
meiro –di– é un grupo cultural que se adscribe á tradición na-
cionalista (anque non todos os seus membros escriban en ga-
lego ou somente en galego); axunta unha importante infor-
mación sobre a literatura anglosaxona, alemana e nórdica
(JOYCE, KAFKA, LAGERKEVIST, JOCELYN BOOKE,
BRECHT) e desdeña explicitamente a lectura do que España
consideraba novedosos e firmes valores (CELA, premios Na-
dal, CELAYA)..."; mentres que, segundo Méndez Ferrín, o
"grupo compostelán participa na mesma refuga... cara ós no-
vos escritores casteláns, anque le con moita atención a SAR-
TRE e a CAMUS, e vencéllase con doado entusiasmo á na-
rrativa de KAFKA e achégase con furia ós americanos, espe-
cialmente a WILLIAM FAULKNER"[3]. Sinala a Camilo
Gonsar como integrante da nova narrativa, pero con carácter
independente –supoño que en relación a eses dous grupos.

É ben curioso o que acontecía en Galicia naqueles anos,
aínda asinados por moi vivas lembranzas da guerra civil, aín-
da cheos de medos e con tantas privacións: FAULKNER, por
exemplo, era mestre dalgún destes novos narradores (e tamén
lectura ávida e golosa doutros moitos que non o eran), e, ó
mesmo tempo, estaba sendo tamén mestre dos narradores

---

[3] MÉNDEZ FERRÍN, X.L., *De Pondal a Novoneyra*, Ed. Xerais,
Vigo, 1984, pp. 262-263.

hispanoamericanos de máis sona nos nosos días –e agora está ben claro que case polas mesmas datas en que a "nova narrativa" se inicia entre nós, eses escritores hispanoamericanos eran traductores de FAULKNER e estábanse formando na súa arte narrativa.

Pero, tamén ó mesmo tempo, nos anos 1955 e 1957 aparecen dúas obras importantes –*Le voyeur* e *La jalousie,* de ROBBE-GRILLET– do *Nouveau Roman,* que tanto influirían en Méndez Ferrín e nada en Mourullo nin en Camilo Gonsar.

E á par, en España o gran descubrimento era o realismo notarial de *El Jarama.*

ESQUEMA DE *CARA A TIMES SQUARE*

I

O Narrador vén de beber uns whiskys nos bares do Greenwich Village de Nova York cun vello inmigrante, amigo seu.

O amigo ten que irse e o Narrador comeza o seu deambular –xa ben tarde– e detense diante dunha parada de autobús, que pode que non fose tal. Pois que non ten seguridade de que sexa unha parada: "decidín agardar ata que a evidencia de estar perdendo o tempo me pesase demasiado".

Aparece outro camiñante, que lle aconsella que non siga esperando. "Eu tamén estou esperando" –dille o recén aparecido. E manifástalle que é a súa "unha espera moi particular". É o Belga. E precisa que a espera durará "ata as catro da mañá". E os dous parten xuntos cara a Times Square. Aínda que anuncia xa que: "un punto moi diferente é o se demos chegado ou non ata ese famoso nó de New York".

Os dous son estranxeiros. O Belga manifesta que "só podía vivir como estranxeiro". Cala a súa orixe e só di que é estranxeiro "sen referencia a ningún país concreto", que realmente é de ningures –e nin o seu nome di, coma se temese deixar de ser de ningures.

Inician unha conversa intencionadamente trivial na que se introducen como frases guía para o tecido todo do relato. Este faise en primeira persoa, a xeito de informe epistolar, dirixido a alguén de quen non se dá noticia ningunha nin se sabe por que.

Entre esas frases guía, o Belga di que a súa biografía é falsa, pero non a súa historia verdadeira –manifestación que ó Narrador lle soa a chino. Entrecruzan referencias históricas, que permiten situar no tempo a narración, tales como alusións ó libro *The Ugly American*, a *Beat Generation*, e conversan tamén sobre *manthis*, langostas, gatos, vacas e vexetais.

Ó final do capítulo, o Belga anuncia unha historia interesante, unha historia dunha rapaza, iniciada nunha cola do Port Authority Bus Terminal.

II

Narra agora o Belga. É a historia de G., *"the girl"*, como sempre di o Belga. Prodúcense interferencias narrativas do Narrador, ó xeito de acotacións dunha peza teatral.

O Belga manifesta que aceptou a invitación de G. de ir con ela. Revélalle que ela lera *The Ugly American*.

Fai acto de presencia na narración o Estudiante Yemení. Van ó cine G., o Belga e o Yemení; G. demostra gran interese polo Belga; ata un punto ofensivo para o Yemení (aínda que o Belga non estaba en condicións de ser unha boa testemuña por mor da escuridade do local e das súas gafas de sol, que son como parte da súa persoa).

Despois do cine, o Yemení deixa a G. e ó Belga na casa de apartamentos onde aquel vive, e G. tamén. O Yemení vive xusto no de abaixo. Escenas eróticas, sen chegar a máis.

Fan a súa presencia no relato o Amigo Alemán e o Amigo Inglés. De novo a conversa dos personaxes permite situar no tempo o relato: "se non tes moita idea do que son os *Beat-niks*, malamente poderás determina-las diferencias entre eles e os *Hipsters*".

O Belga encontra a G. co Periodista Turco –que non esperaba en absoluto a chegada, inoportuna, do Belga. Este decátase de que quere seducir a G. Todo o resume na súa actitude, do Periodista Turco, co gato de G. É coma se lle quixese dicir: "Atende o meu xeito de trata-lo gato; aínda máis habilmente heite tratar a ti tan logo como ti esteas disposta". Primeira relación total con G.

Unha tarde, G. acaba confesándolle ó Belga que o Estudiante Yemení está fondamente namorado dela, pero que ela non podía corresponder, o que lle producía grande desacougo e infelicidade.

De tódalas maneiras, G. non se recatara de manifestar abertamente ante o Estudiante Yemení o seu interese polo Belga, actitude que este non acaba de comprender.

Por fin, chega o final da historia. Tal como quedara o día anterior, o Belga encamíñase cara ó apartamento de G. a mañá seguinte. Mais non puido subir ata el.

O estudiante Yemení córtalle o paso ó Belga: dille que G. lle dixo que quere durmir. "Quizais poida verte mañá". Pero o Belga pensa, xa na rúa: "necesita durmir", si, "pero co Periodista Turco". Este sería o recado completo.

É a vinganza do Yemení. "Xa que era incapaz de desprazarme directamente da miña posición privilexiada con G., acordou desprazarme por medio do Periodista Turco". Pero a vinganza non se consumara: o Belga non era víctima porque non lle importaba a caída de G. en mans do Periodista Turco. O Yemení, pois, só cambiara un rival por outro. El era, ó cabo, o único *vencido*.

O Narrador pregunta ó Belga por que G. non había estar cansa de verdade e chea de sono, e non co Periodista Turco, e por que consideraba acertadas tódalas súas suposicións. ¿Era unha historia verdadeira? O Belga pensa, ou máis ben sente, que o mundo todo é irreal: "Nada do que me rodea ten razón de ser". "E o que non ten razón de ser non é". Todo se reduce a "impresións falsas".

O Belga anuncia a segunda parte da súa espera.

III

"¿Demos chegado a Times Square? Teño as miñas dúbidas" –di o Narrador. Seguiran un itinerario irregular "como se realmente non quixesemos ir a ningún sitio determinado". Agora conta de novo o Narrador.

Están noutro escenario que nada ten que ver coa noite de Manhattan: "Un brusco cambio, a aparición dun novo marco para a nosa aventura, tivo lugar xusto na rúa aquela". Acepta con naturalidade o cambio e non pide explicacións ó Belga. Todo o que sabe é "que me atopei nun tren que viaxaba na noite a toda velocidade".

E inicia co Belga unha conversa calculadamente trivial, de lugares comúns. Pero que axuda a crear como un ambiente onírico e desolado (imaxe desolada dos dous viaxeiros no tren, que son, ademais, os únicos viaxeiros que este leva).

Chegan a unha estación na "que non había ninguén nela. Nin pasaxeiros, nin xefe de estación, nin mozos para equipaxe. Ninguén". E van por unha rúa como tódalas da cidade, rúas deslumbrantes, inundada de luz pública, pero sen proveito para ninguén pois non había xente por ningures, nin tan sequera un solitario vagabundo noitébrego. E total carencia de tráfico rodado. Non hai tráfico mais si profusión de sinais de tráfico axeitadamente distribuídas. Entran nun edificio e ninguén hai dentro, nin sequera un porteiro, nin un vixiante nocturno. E chegan a unha sala de exposición sen visitantes, agás eles dous. Non é quen de aprehender o significado daqueles cadros da exposición, mais si que lle semellan "símbolos do espírito daquela cidade".

Entran logo nun *Night-Club* ("nunha especie de", precisa o autor), onde o Belga inicia a súa teoría das "falsas impresións": "tódolos mitos, tódalas lendas, coma toda a historia en tódolos escritores e pensadores do pasado e do presente son iso soamente, falsas impresións". Desaparece o Belga, e mentres o Narrador o procura, descobre que aquela cidade está na beiramar.

Atopa ó Belga e agora é cando vai saber a segunda parte da historia: "dentro dun pouco, decidirei non agardar por máis tempo e o meu engano rematarase. Desfareime de tódalas miñas impresións falsas. Isto é o que quero, botalas fóra de min. Así que xa estás enteirado do por que da miña marcha e xa sabes tamén por que non podía aceptar ningunha invitación esta noite. Sabes xa todo".

O narrador non entende a espera. Agardará ata as catro. Desfarase o Belga de toda sorte de inspeccións falsas. Deixará de estar enganado.

Aquí o Narrador enfréntase co Belga e fai a súa propia interpretación da historia deste, do por que das impresións falsas que foran G., o Estudiante Yemení ou o Periodista Turco. E por que non o convencen as explicacións do Belga, retruca ás afirmacións deste. Non se ve saída e todo semella por iso absurdo. E, canso desta situación, o Narrador diríxese ó Belga e pregúntalle se non lle gustaría comer algo, ó que responde: "¡Pulpo!". O Narrador decátase axiña do que significa a resposta inagardada: que o Belga non era belga, senón paisano seu –daqueles que teñen xustamente o polbo por "unha das comidas máis exquisitas, como verdadeira regalía".

Un e outro –Narrador e o Belga– coñecen que son do mesmo país. "Quizais tes razón" –di o Belga. "¡Pois claro que teño razón!", asegura o Narrador.

O Belga segue frío, aínda distante do entusiasmo do Narrador; este propónse pasar na conversa do inglés ó idioma materno. Mais o Narrador queda xeado coas manifestacións do seu interlocutor: "deixei ese país ós vinteún anos e non tiven endexamais o menor desexo de retornar a el e de vivir con aquela clase de xente" e aínda insistiu: "aquela increíble clase de xente".

Faltan dez minutos para as catro da noite, para que remate o Belga a súa espera, ou sexa, para que desaparezan as súas impresións. É unha maneira de suxerir ou de dar a entender que vai desaparecer todo o que hai arredor del, que todo menos el vai desaparecer a esa hora.

Mais os acontecementos adiántanse dez minutos porque o Narrador, cheo de carraxe, empúxao ó mar dende a altura en que estaban. Como di o Narrador, "Nada pasou, á parte da súa caída, como, por outra parte era de esperar. Quedou o ambiente tan tranquilo e calado coma antes".

O Narrador pensa para si mesmo e como dirixíndose ó suposto Belga: "desde logo, o remate da túa espera foi todo o contrario do que ti te figurabas. Ti pensabas que todo (eu mesmo incluído) ía esvaerse, agás ti. E resulta que soamente ti te esvaíches".

Pero desaparecido o Belga, o Narrador suxírenos que poucos cambios se precisan para que a historia do Belga se volva verdadeira historia aplicable a el mesmo. Porque, como el di, "non tiña máis que concebir ó Belga como un mensaxeiro enviado a min". O Belga retornara ó seu punto de partida. O mesmo que o enviara a xunto do Narrador inspirara a este ó rempuxón no cu polo que fixo a viaxe de volta. "Así que o Belga comunicárame a min a miña verdadeira historia. Xa se sabe que este tipo de mensaxes nunca veñen claras, senón que hai que descifralas".

A víctima das impresións falsas sería entón o propio Narrador, impostas non se sabe se como castigo se como broma. Pero o Narrador non considera seriamente esta hipótese, senón mais ben como un pasatempo. Para rematar, o Narrador suxire que lle queda unha dúbida: "¿Falaría o Belga en serio?".

IV

De novo pregúntase o Narrador se terían chegado a Times Square. E a novela remata tratando de provocar no lector, unha vez máis, a incerteza, ou a dúbida de se todo ocorreu de verdade ou só foi un soño. O Narrador como dirixíndose ó suposto destinatario do pretendido informe que é o relato, advírtelle: "Espero que Vde. non se apure a concluír falsamente que a miña aventura co meu amable conselleiro da (suposta) parada de autobús foi só un soño que tiven mentres durmía no meu hotel, ou algún efecto do whisky que estivera bebendo polo Green Village". Ou sexa, ambigüidade sobre ambigüidade.

V

UN EPÍLOGO DENDE FÓRA

É un capítulo novo, que non figuraba na edición de 1980. Foi publicado no número 87 da Revista *Grial*. Penso que é de gran utilidade para unha mellor comprensión do relato. Nese texto coméntase o sentimento do Belga da realidade do "eu" e da irrealidade do mundo, sentimento despois racionalizado sobre a base da carencia de xustificación deste último. O Narrador, na súa réplica, recorre a un dos principios característicos das posicións nacionalistas (expresado en Galicia, por exemplo, por *A Coutada* de Vicente Risco), segundo o cal o retorno á terra natal é a salvación, e o feito de tela abandonado, o pecado orixinal.

En resume, pois, o mundo, para o Belga, é ilusorio, porque non ten xustificación tal como é. Trátase sobre todo dun sentimento, sobre o cal el elabora unha serie de razóns baseadas na historia, etc., etc.

Saca a conclusión de que el foi castigado –non se sabe

por que– a experimentar como real un mundo ilusorio, como efectivamente fixo despois de romper con G.

Quere desfacerse desta ilusión a noite do seu encontro co Narrador.

En canto a este, trata de convencer ó Belga de que as súas delirantes crenzas son consecuencia do seu desarraigamento. A solución é retornar ó seu País natal –o "retorno á terra".

Queda coa dúbida de se o Belga lle falou en serio ou non, como xa dixemos.

Hai unha ambigüidade esencial, polo demais, no tocante á cuestión de quen é verdadeiramente o Belga e, en especial, a todo o contido da parte III.

(O Narrador acaba chegando a unha conclusión que vai máis alá có Belga: ningún mundo tería "razón de ser".)

OS PERSONAXES

Non hai no autor cobiza de crear verdadeiros caracteres. Os personaxes, aquí, están concebidos en función do clímax da novela, que é un relato abstracto. De aí que os seus personaxes participen, por necesidade desta idea ou obxectivo do autor, das características de todo o texto, xa que son pretextos ou elementos que están ó servicio do ambiente ou do clímax. Non pretenden, pois, ser persoas comprobables no mundo da realidade inmediata, senón pretextos nos que se asente aquela abstracción e que sirvan ás necesidades expresivas desa orde que o autor se propuxo.

Son, por iso mesmo, personaxes interiorizados. Pois se ben actúan e se moven nuns escenarios propios, semella claro que tanto ese actuar como ese moverse, como os propios escenarios, nada teñen que ver coa realidade inmediata. E son interiorizados porque o que se nos pretende transmitir e comunicar é un valor ou unha dimensión humana, pero máis que a través duns comportamentos exteriores ou exteriorizados, valéndose da posta de manifesto dese interior dos personaxes, ou mellor aínda, proxectando nas páxinas da novela situacións, experiencias ou comportamentos máis próximos ó

mundo das ideas que ós da accción; máis preto da abstracción
que da realidade inmediata. O Belga é un calculado enigma
dende as primeiras páxinas ata o final do relato. É un perso-
naxe que ten un segredo. En cada páxina somos conscientes
de que isto é así. O autor sabe levarnos a onde quere, e con-
segue que o teñamos presente. Non nolo desvela ata o rema-
te, e aínda aquí o segredo é polivalente ou máis ben esvara-
dizo, ou suxire que pode selo. E todo o traxecto que media
entre o principio e o final do relato está xustamente presidido
por ese segredo interior do Belga. Tódalas anécdotas ou da-
tos da realidade que van xurdindo ó longo da novela –relación
con G., relación co propio Narrador, situación da viaxe no
tren, chegada a unha extraña cidade, etc.–, son tan só pretex-
tos dos que o autor se vale para facer patente xusto ese segre-
do que o Belga leva dentro. Neste sentido, o Belga é unha
alegoría máis que un personaxe de carne e óso, e pode ser ta-
mén un arquetipo no que o autor quixo encarnar unha visión
dun certo tipo de home da súa Terra, un expoñente dunha
idea, dunha eiva colectiva.

E tódolos demais –o Estudiante Yemení, o Periodista
Turco, a propia G., etc.–, son tamén pretextos viculados ó per-
sonaxe case único do relato, concebidos, ó meu parecer, para
mellor perfilar e debuxar o protagonista central –que tampou-
co é verdadeiramente un personaxe–, dentro do ambiente
abstracto da narración. En tal sentido, son todos eles, e coido
que o Narrador incluído, personaxes subsidiarios, situados
moi en segundo plano, concebidos só en funcións das necesi-
dades mínimas que ó autor se lle van presentando para a co-
municación dese ambiente abstracto, e tamén esencialmente
ambiguo, que se propón comunicarnos. Circunstancias que,
na miña opinión, tan só atopamos nesta novela de Camilo
Gonsar, frente a outros textos do autor –como *Desfeita,* por
exemplo– nos que hai moitos personaxes non subsidiarios ou
situados en segundo plano.

Outra cousa ben diferente é a sobria e precisa delimita-
ción de cada unha destas sombras que pervagan ó longo de

Cara a Times Square. Porque son coma sombras, coma alegorías, máis –cómpre precisalo– son sombras ou alegorías sobria e claramente debuxadas. Debuxos que o autor tracexa valéndose de moi diferentes procedementos e recursos: deixándoos falar (procedemento moi caro a Camilo Gonsar xa dende o comenzo da súa carreira literaria, como se ten observado por algúns autores como Méndez Ferrín e Xavier R. Baixeras[4], dándonos algunhas concisas notas definidoras, como cando nos describe ó Belga coas súas gafas de sol a pesar da escuridade da noite, ou deixando que a súa identidade resulte de situacións ás veces ben desconcertantes). Aquí, a capacidade de observación, que o noso autor ten posto de manifesto en tantos outros relatos seus, axúdalle a esa caracterización ou delimitación das súas sombras, alegorías ou entes abstractos, por paradóxico que poida parecer.

De calquera maneira, hai caracteres do Camilo Gonsar narrador e novelista que, aínda así, xorden e fan acto de presencia neste texto. Por exemplo, case non hai obra do noso autor na que non faga acto de presencia algún personaxe peripatético: éo o Belga –e co Belga éo tamén o Narrador–, que, sombra ou personaxe, pasa a novela camiñando; éo o Dr. Zhivago de *Desfeita* nun grao sumo; éo, ó cabo, aquel viaxeiro da noite londinense do seu conto "Viaxe a través da noite". O que ocorre é que son camiñatas e camiñantes que en nada se asemellan: as camiñatas do Dr. Zhivago son paseatas concretas de quen sabe que camiñar é un bo exercicio para a saúde, ata constituír teima esencial para un suxeito extravagante e churrusqueiro; mais o deambular do Belga é abstracto, é o dun ente que se move, iso si, pero que, á parte de que vaia ou non vaia a ningures, os seus movementos teñen unha función máis alegórica que real. Porque, por outra banda, participan tamén, como é de esperar, da buscada ambigüidade do relato. Como moi ben observou Xavier R. Baixe-

---

    [4] BAIXERAS, Xavier R., "Prólogo" a *Desfeita,* Ed. Xerais, Vigo, 1983.

ras, "moito andan, por certo, algúns personaxes de Camilo Gonsar"[5].

Digamos, ó cabo, que nunha novela destas características, eses personaxes son de ningures, a diferencia, por exemplo, dos de *Desfeita:* mentres os desta son esencialmente vilegos, e aínda se podería dicir que dunha vila galega concreta e dun tempo moi determinado, os de *Cara a Times Square* non son de ningures, teñen un marchamo universal, aínda a pesar das referencias que nos poden permitir vinculalos cun tempo e cun espacio moi concretos. E non só porque algúns, como o Belga, se propoñan ser de ningures, senón que, xusto polo seu carácter alegórico, teñen un valor paradigmático, podendo atopármonos con eles en calquera parte e aínda en calquera tempo, ou podendo verse reflexados neles os homes de calquera parte e de calquera tempo. Dixemos que eran sombras, alegorías ou entes abstractos e, por iso, sombras, alegorías ou entes deben ser semellantes en todo tempo e lugar, dende a maior parte dos personaxes de Kafka ós do *Nouveau Roman* –onde ó mellor, e moitas veces, xa non hai nin personaxes (ó menos no sentido tradicional do termo).

---

[5] Ob. cit. páx. 12.

A AMBIGÜIDADE

Cara a Times Square é unha das obras máis ambiguas da literatura galega. Penso que é a ambigüidade a súa nota máis desconcertante e, tamén, onde máis acertos expresivos logrou o autor. Porque nesta novela son ambiguos os seus personaxes (o Belga éo en grao sumo, o mesmo Narrador, ou o Estudiante Yemení, o Periodista Turco, etc.), ambigua é cada situación (a viaxe que o Narrador e o Belga fan en tren, a cidade desolada á que chegan, o *Night Club* no que recalan, a cidade pola que camiñan coma pantasmas, etc.); ambiguo, ó cabo, é o relato mesmo, todo el, coma se a intención do autor fose xustamente mantelo sempre nas desdebuxadas fronteiras entre a realidade e o soño.

A novela é ambigua porque ambiguo é o ser humano. E na novela, teñámolo presente, acóchase unha particular visión desa esvarante realidade que é o ser humano.

Reparemos unha vez máis no arrinque ou inicio da mesma: pártese xa dunha situación ben ambigua, onde o Narrador comeza a súa paseata, case xa noite, e detense diante dunha parada de autobús, que pode que non fose tal, pois non ten seguridade de que sexa unha verdadeira parada. Esta situación é xa un anuncio do que virá despois. Iníciase unha camiñata cara a Times Square e, cando un coidaba xa que tiñan chegado os dous camiñantes, despois de non poucas incidencias, resulta que o Narrador pregúntase: "¿Demos chegado a Times Square? Teño as miñas dúbidas".

As lecturas posibles son moitas, tódalas que se queiran. Porque o autor deixa abertas varias portas para que o lector entre e saia por elas. Porque seméllame que é lícito supoñer que tales portas existen e que esas diversas lecturas son posibles. Mellor dito, que o texto foi concebido para que esas posibilidades se dean. Pode lerse xusto o que na novela se le ou pode lerse todo o que o texto suxire, ou, mellor aínda, todo o que provoca, quizais deliberadamente, no lector. Porque uns verán nesta viaxe un mero xogo literario, isto é, unha ficción literaria sen máis, outros unha imaxe do decorrer do home na Terra, outros unha visión aceda dunha xeración atoutiñando no seu camiño cara á afirmación definitiva... e moitas máis. Porque, case seguro, de todo isto hai no relato de Camilo Gonsar. Ou, polo menos, non me parece ilícito supoñelo. ¿Non hai quen viu en *O Proceso,* de Kafka, unha crítica da burocracia xudicial? Pois tamén.

Mais o que aquí nos importa é o lado literario da novela, o que de certo está aí, e non ningunha outra interpretación. E xusto o que o lado literario do relato nos suxire xa de primeiras é a ambigüidade que nos leva sempre á posibilidade de distintas lecturas, á suxerencia de planos e situacións contrapostas, á percepción de realidades esvarantes. Porque a realidade pode que non exista e se reduza a unha de tantas "falsas impresións".

Penso que calquera lectura que se faga de *Cara a Times Square* terá que arrincar sempre desta evidencia; a ambigüidade é nela todo un valor literario. É, sen dúbida, unha nota que o autor quixo dar, unha meta que se propuxo, un recurso que desenvolveu moi conscientemente. E con resultados moi brillantes, dende pequenas indicacións incidentais (do *Night Club* no que entran o Belga e o Narrador, este precisa que é

"unha especie de" co que consegue crear en nós unha sensa-
ción de incerteza moi ben calculada) ata a estructura da mes-
ma novela (toda a cal está suxerindo en cada páxina situa-
cións e sensacións buscadamente non ben delimitadas para
que o lector colabore na creación desas situacións e sensa-
cións que o autor nos quere comunicar). O autor sabe deixar
abertas esas portas e esas posibilidades. Feito que converte a
lectura do texto nunha excitante experiencia.

Trátase, coidamos, de algo ben difícil de conseguir, por
razóns obvias, pero que aquí foi plenamente logrado. Porque
tal técnica esixe un especial dominio do relato, un dominio
dos distintos elementos, do uso dos recursos expresivos. Re-
quire, nunha palabra, verdadeira capacidade de ficción. Con-
vértese aquí o lector, non só en cómplice (que iso sempre o
busca, por un camiño ou por outro, a literatura), senón en co-
laborador do propio autor, para recrear unha vez máis a obra
do primeiro, o que é posible se sabe conducir ó lector polas
voltas e reviravoltas da obra de creación –e, por suposto, se
sabe dicir tanto como calar e suxerir, que niso consiste abrir-
lle portas, colocalo na situación de seguir camiños que o autor
non quixo explorar totalmente ou que explorou de modo e
maneira que o lector chegue, ou pense que chegue, a explorar
el tan só.

É xusto aquí, para nós, onde o acerto de Camilo Gonsar
nos parece definitivo. Ó cabo, é unha novela na que o autor
nos presenta a un personaxe para quen o mundo é ilusorio,
porque non ten xustificación tal como é. Pero isto non é un
razoamento, é un sentimento. Mais, á súa vez, o outro perso-
naxe, o Narrador, que é como a sombra do anterior, acaba
chegando a unha conclusión, como xa se dixo, que vai máis
alá que o Belga: ningún mundo tería "razón de ser".

Con ese plantexamento, non hai dúbida de que a ambi-
güidade, por forza, tiña que constituír un valor expresivo
esencial no desenvolvemento da narración. Porque tal plante-
xamento é xa ambiguo en si mesmo. Ambigüidade coa que
atopamos en cada páxina e, por suposto, no conxunto da no-

vela: o Narrador queda coa dúbida de se o Belga lle falou en
serio ou non, dúbida na que participa tamén o lector; as con-
clusións do Narrador –ningún mundo tería "razón de ser"–,
máis que unha conclusión é unha dúbida que se nos transmi-
te, ou pode que un sentimento que se nos comunica confor-
me se apodera do Narrador por mor da súa relación próxima
ó Belga; a idea de que o Belga é castigado, sen saber por que,
a experimentar como real un mundo ilusorio, pero podendo
descubrir a realidade dese feito, é outra fonte de ambigüida-
de do relato...

tan só coa esencia das cousas, o obxecto da súa comunicación.

Con esa mesma economía de medios acada outros efectos de rara eficacia, como, por exemplo, cando pretende situar temporalmente a súa narración: unha sinxela alusión a un Presidente católico dos Estados Unidos, a un libro que foi *best seller* por aqueles anos, á *Beat Generation,* ós *Hipsters,* etc., son elementos mínimos (quero dicir de mínimo texto na súa extensión espacial dentro da novela) mais de contrastada eficacia para que o lector se sitúe no tempo, mais tamén nuns anos moi concretos do noso tempo e aínda nunha singular etapa vital dunha xeración.

Ou tamén, por nos referir a outro recurso da novela, as frases guía que pon na boca do Belga dende as primeiras páxinas –a súa biografía é falsa, pero non a súa historia verdadeira–, artificio polo que, moi ben dosificado, vai deixando caer na conciencia do lector elementos esenciais do relato, logo máis desenvoltos, pero que, xa dende o comezo, consegue que o lector vaia familiarizándose con eles. E chamámoslle así, frases guía, pois coidamos que teñen unha función conductora da narración, que a impregnan de unidade e que contribúen a manter unha idea da vertebración global da novela. Son como toques de atención que van xurdindo de lonxe en lonxe ou de cando en vez, como para nos alertar. E, como digo, cunha dosificación moi coidada –de aí a súa eficacia.

Mais á beira desta eficacia directa, hai outra máis difícil, moito máis artística, e na que se pon a proba o poder creador do noso autor. Porque hai no relato de Camilo Gonsar un trasfondo ideal, e aínda ideolóxico, unha metáfora global ou, se se quere, un mito no que dalgunha maneira se pretende apreixar unha veta da condición humana –a aventura do home, sempre movéndose entre a realidade e a incerteza, entre a realidade e o soño, participando da aparencia e da realidade–; e xusto aquí, para transmitir esas notas tan ambiguas, pois son situacións nunca ben deslindadas –o ser humano coparticipa dunha e doutra situación–, é onde vemos unha rara capacidade no eficaz emprego de medios expresivos: os datos da realidade inmediata –a parada de autobuses, que non é tal, ou que pode que non sexa tal; o Belga que logo non é belga, ou a cidade aquela situada na beiramar–, son manexados para tecer o andamiaxe desa metáfora ou dese mito que a novela apreixa nas súas páxinas. E o resultado é o mesmo: eficacia comunicativa e expresiva coa máxima economía de medios. Nesta capacidade sintética de Camilo Gonsar está, ó noso ver, o máximo vigor do seu estilo e tamén a forza que este ten, así como as súas mellores notas comunicativas.

Estilo claro e directo, frase castigada, dicir callado e luído onde nada sobra e no que a sinxeleza chama poderosamente da nosa atención. Folga dicir que isto só é, ata certo punto, aparencia –porque só así se pode comunicar da maneira que Camilo Gonsar o fai, buscando a precisión telegráfica ou o forte abalón dunha frase cortante e precisa. Por exemplo, cando o Belga e o Narrador inician o seu deambular cara a Times Square, o primeiro empeza unha longa conversa anodina, unha conversa calculadamente anodina, coa que se quere debuxar ó Belga deixándoo falar.

Foi Méndez Ferrín o primeiro en destacar este rasgo tan característico da narrativa de Gonsar, manifestación moi característica do "behaviorismo" ou conductismo, técnica psicolóxica americana –para empregar as mesmas palabras de Méndez Ferrín– que estima que a única maneira de coñecer a un home por dentro é observar como se manifesta por fóra, reparando na súa conducta. "A súa novelística –di o mesmo autor– participa do realismo obxectista, que fai extremo na transcripción de diálogos banais e nas descripcións veristas que alternan con eles no discurso narrativo"[6].

Pero cada palabra, cada extremo da conversa, cada punto do seu latricar, levan implícita unha dosificación austeramente calculada que, xusto por iso, fan que o discurso do Belga nos interese e nos impacte. Porque de non ser así, o resultado sería soporífero. A precisión do autor, a dosificación de

---

[6] MÉNDEZ FERRÍN, X.L., Ob. cit. páx. 267.

O GALEGO DE CAMILO GONSAR

O galego de Camilo Gonsar é, coma a súa mesma prosa, sobrio. É un galego sen adscripción a ningunha modalidade comarcal concreta, depurado de hiperenxebrismos e ó que se incorporan os recursos e modalidades propios do tempo en que se escribe. Está claro que o galego da xeración do autor, en xeral, é moito máis depurado có de xeracións anteriores; que estes escritores da xeración do noso autor se moveron por unha cobiza de claridade e que fixeron un esforzo por chegar a unha fácil comunicación cos lectores, frente ó desexo dalgunha xeración anterior –a xeración "Nós", por exemplo–, que tentou crear un galego diferenciado, ás veces alonxado por demais da realidade viva, e que contribuíu non pouco ó mito da suposta arbitrariedade do galego escrito.

Dentro desas características xerais, podemos sinalar algunhas das máis concretas:

1.–A primeira de todas sería a súa decidida vontade de acepta-las normas ortográficas vixentes. Así mo declarou, e así penso que procedeu, en coherencia co seu firme criterio ó respecto.

Esta aceptación da normativa vixente, relévanos de reparar pormenorizadamente nas vacilacións que se atopen en páxinas súas anteriores á normativa en vigor. Pode ser un traballo erudito, ou aínda curioso, mais coido que non merece que se lle consagre atención especial.

2.–Demostra tamén un interese claro polo idioma vivo. Esta é sempre a súa referencia máis evidente. E, por iso mesmo, ningunha artificiosidade hai no galego do autor, xa dende os primeiros escritos por el publicados.

3.–Á par, a lingua literaria do momento, como non podería ser doutra maneira, está tamén presente nestas páxinas. Como sen dúbida o está dalgunha maneira o galego de Sarria, que é o que el falou dende sempre. Pero nun e noutro caso, incorporados á súa lingua literaria como elementos que a arrequentan, tomados con sobriedade e moi ben administrados en cada caso.

4.–Digamos tamén que é moi característico do autor, e concretamente nesta obra, a inserción de numerosas palabras e expresións inglesas, etc., non marcadas por comiñas ou cursivas, en consonancia coa atmósfera de desarraigamento na que se desenvolve a acción.

5.–E sinalemos, ó cabo, e quizais como conclusión ou consecuencia de todo o anterior, que son aplicables por enteiro ó galego de Camilo Gonsar as características xerais que viamos no seu estilo: claridade, precisión, nudez esencial, sobriedade, eficacia comunicativa, aparente sinxeleza –entendida como resultado final.

A NOSA EDICIÓN

A presente edición está baseada nun orixinal do autor. Como diferencias máis notables con respecto á edición publicada pola Ed. Galaxia[7], citarémo-las seguintes:

A inclusión de "Un epílogo desde fóra" (antes publicado no nº 87 da revista *Grial*).

Unha explicación reformada da experiencia do Belga ó chegar a Clarendon Street, a raíz da súa ruptura con G. (principio do cap. 11, II).

Substitúese a expresión "a experiencia" por "Asombro" (cap. 9, III e outras páxinas seguintes).

Outros cambios son, por exemplo:

A inclusión dos versos de Dante (cap. 3, I).

A frase "*A trip down memory lane*" en vez de "*Fats Domino*" (cap. 3, III). A frase "*a trip...*" é a que o autor, segundo me declarou, quixo poñer, pero non o fixo ata que a viu debidamente rexistrada no *Oxford Dictionary of Current Idiomatic English*, Volume 2.

---

[7] GONSAR, Camilo, *Cara a Times Square,* Ed. Galaxia, Vigo, 1980.

A supresión de cursivas para marcar palabras ou frases e de comiñas e de guións para os diálogos (a idea para isto último deulla ó autor unha novela de Knut Hamsun, tamén segundo declaración del).

Precisamente na presente obra empezou a usar o pseudónimo "Camilo Gonsar" –se ben poderiamos atopar precedentes nalgún pequeno traballo seu na Revista *Grial*. Gonsar non é, en realidade, un pseudónimo estricto, senón que ten algo de anagrama: "sar", vale por Suarez e por Sarria, e "Gon" naturalmente, por González. E entre as razóns que moveron ó autor a empregalo están, por unha banda, que case sempre se escribía mal o seu verdadeiro nome, en especial os apelidos compostos, e, por outra, que a palabra "Gonsar" soáballe a galega, e dime que na provincia de Lugo, preto de Sarria, existe unha parroquia que se chama Gonzar.

BIBLIOGRAFÍA SELECTA

BAIXERAS, Xavier R., "Prólogo á 2ª edición de *Desfeita*", Ed. Xerais, Vigo, 1987.

CASTROVIEJO, Concha, "Un gallego en Syracuse", en *Informaciones* (xornal), Madrid, 10-5-1961.

FOLE, Ánxel (Neumandro), "Letras gallegas", en *El Progreso* (xornal), Lugo, 23-4-1961.

GONZÁLEZ GÓMEZ, X., "*Desfeita* por Camilo Gonsar", en *El Progreso,* Lugo, 10-4-1983.

MÉNDEZ FERRÍN, X. L., "Aparición del behaviorismo en la narración gallega: *Lonxe de nós e dentro,* de Camilo G. Suárez-Llanos", en *La Noche* (xornal), Santiago de Compostela, 19-4-1961.

Id., "Camilo G. Suárez-Llanos: Narrativa de cristal", en *Faro de Vigo* (xornal), 16-4-1984.

PASCUAL, Javier María, "*Lonxe de nós e dentro*", en *El Alcázar* (xornal), Madrid, 15-4-1961.

QUEIZÁN, Mª Xosé, "A nova narrativa ou a loita contra o sentimentalismo", en *Grial* (rev.), nº 63, Vigo, 1979.

RISCO, Vicente, "*Lonxe de nós e dentro,* por Camilo G. Suárez-Llanos", en *La Región* (xornal), Ourense, 9-11-1961.

SALINAS PORTUGAL, F., "A nova narrativa galega" en
A nosa literatura: unha interpretación para hoxe. Ed. Xistral,
Santiago, 1985.
VARELA JÁCOME, B., "La estructura horizontal de Ca-
milo Suárez-Llanos", en *La Voz de Galicia* (xornal), A Coru-
ña, 8-10-1978.

CARA A TIMES SQUARE

NOTA DO TRADUCTOR

Non vou contar como chegou ás miñas mans o presente relato, porque sería complicado de máis. Direi soamente que eu non coñezo ó autor do mesmo e que disto moito de se-la persoa a quen está dirixido. Disto tanto, que esta persoa é seguramente un cidadán de fala inglesa.

Efectivamente, o orixinal viña en inglés, un pobre e incorrecto inglés; todo o relativo a esta circunstancia ha quedar claro para quen se decida a le-las presentes páxinas, que eu me limitei a traducir. Aínda que, a dicir verdade, de seguida vin que a miña traducción é tamén moi defectuosa e mesmo incompleta: sen ir máis lonxe, deixei tal como viñan numerosas verbas e liñas enteiras, non sei se por preguiza ou mesmo, nalgún caso, por ignorancia.

Debo advertir tamén que non só non estou conforme coa maioría das ideas expresadas no relato, senón que me parecen simplemente repelentes. Mais pregúntome (autopregunta retórica) se non podemos sacar proveito tamén, negativamente se se quere, de exemplos do que non debe ser. Sirva isto de xustificación.

I

We find it difficult to sympathize with the emotions of a potato; so we do with those of an oyster.

SAMUEL BUTLER, *Erewhon.*[1]

---

[1] "Atopamos difícil simpatizar coas emocións dunha pataca; tamén coas dunha ostra", Samuel Butler (1835-1902), escritor inglés, na súa novela *Erewhon,* ó describir unha civilización imaxinaria, anticipa importantes problemas e ideas hoxe vixentes. (*"Erewhon"*é *nowhere* –"en ningures"– ó revés).

1

Os tolos gozan hoxe de boa prensa; son publicamente admirados case como homes que chegaron a un estado superior, desde o que poden ver ata onde a vista dos cordos non alcanza, e tamén son publicamente compadecidos como víctimas inocentes da crueldade da nosa organización social. Eu non nego nada disto; o que si nego é que, en xeral, as historias feitas ou protagonizadas por tolos me gusten, porque nada teño que ver, nin tan sequera como amateur, coa cura ou a investigación da loucura, nin, a verdade sexa dita, me inspiran os tolos ningunha simpatía especial.

Certo que hai outros tolos, como D. Quixote ou o capitán Ahab[2], xustamente elevados á categoría de símbolos permanentes da humanidade; pero eran falsos tolos, ou eran tolos só segundo a opinión de xentes ou de mentes vulgares.

Total, o que lle quero dicir é que a historia que lle vou contar nada ten que ver co mundo da loucura. Noutro caso, non se me tería ocorrido sometela á súa consideración.

Pero xa é tempo de ir sen máis ós feitos:

---

[2] Capitán Ahab: Protagonista da famosa novela *Moby Dick* do nortemaricano Herman Melville (1819-1891).

Eu pasara aquela tarde bebendo whisky en diferentes bares do Greenwich Village[3] cun vello inmigrante amigo meu.

Os dous eramos do mesmo país –un deses pequenos e desgraciados países que levan séculos desangrándose, vertendo ríos de emigrantes nos portos americanos.

Ó Greenwich Village, de ordinario, relacionámolo con mozos rebeldes, bohemios, artistas, turistas e demais, e non con vellos inmigrantes. Pero dábase o caso de que o meu compañeiro fora propietario anos atrás dun restaurant ou algo así neste barrio e era, polo tanto, un experto nel, un coñecedor de tódolos seus secretos e da súa vida subterránea.

Eu, pola miña parte, durante a miña estada en New York, case non deixaba pasar nin un só día sen coller un autobús para o Village.

Unha vez alí, todo canto necesitaba para pasar unha tarde interesante era deambular polas rúas, descansando de vez en cando nun café calquera.

Un dos membros da chamada Beat Generation[4] que vivira polo Greenwich Village –como a maioría dos seus camaradas, supoño– di, segundo lin anos despois de que sucederan os feitos aquí relatados, que lle parecía que o Village tiña, en certos momentos, todo o engado dun Utrillo[5]. Supoño que hai ironía nesta observación, porque, non sen fundamento, para os norteamericanos París é sagrado e incomparable, pero a verdade é que eu encóntroa francamente certeira.

Outro dos meus praceres baratos consistía en sentarme en Washigton Square [6]. Non deixaba de ser un descanso no medio de todo o rebumbio de Manhattan[7]. Pero a miña que-

---

[3] Greeenwich Village: Barrio bohemio de Nova York.

[4] *Beat Generation*: Grupo de escritores norteamericanos que, como Jack Kerouac, asumiron nos anos 50 a actitude de *beatniks*. O escritor aquí aludido é Anatole Broyard.

[5] Maurice Utrillo (1888-1955), pintor francés.

[6] Washington Square é unha praza clásica de Nova York lindante coa Universidade e co Greenwich Village e serve de marco para unha famosa novela do escritor norteamericano Henry James (1843-1916).

[7] A illa de Manhattan, aínda que o distrito menos extenso, é o centro nervioso de Nova York.

rencia por Washington Square aínda dependía doutra razón: a novela con este título de Henry James, que lera eu había moito, sendo estudiante nun medio social moi diferente. Xustamente nesta novela afírmase que o ideal dun retiro tranquilo e doce atopábase para os habitantes de New York, en 1835, en Washington Square. Todo canto podo dicir é que eu atopei o mesmo centovintecinco anos despois; non sei se foi cuestión de sorte.

O dono do derradeiro bar onde tomaramos uns whiskies era tamén un vello inmigrante, un veterano camarada, por así dicilo, do meu amigo, e paisano de nosóutro-los dous. Había varios meses que non se vían; de xeito que falaron de vagar, o meu amigo e mais el, de lembranzas comúns e, sobre todo, da situación actual, feliz ou non, doutros paisanos, vellos coma eles ou máis novos, e camaradas deles tamén na dura aventura da inmigración –a miúdo ilegal– nos Estados Unidos.

O caso é que, tan logo como saímos do bar aquel, o meu amigo, que vivía non moi lonxe, concretamente na W 12th St[8], se mal non recordo, deu en dicir que xa era moi tarde e que tiña que volver para a casa de inmediato e, sen tan sequera despedirse de min, marchou case correndo e deixándome, en certa maneira, abandonado.

Xa era, efectivamente, ben tarde.

Metinme por rúas case desertas e seguín camiñando sen rumbo na noite co propósito de despexarme un pouco. Finalmente, resolvín determe diante dunha parada de autobús.

Mellor dito: pareceume unha parada de autobús. Pode que non a fose, penso agora, e que o meu erro, se tal erro houbo, se debese, en parte, ó whisky.

De todas maneiras, eu desconfiaba de que seguisen pasando autobuses por alí, en vista da hora. Debo sinalar que tiña aínda ideas moi confusas (a verdade é que as sigo tendo) sobre os horarios deste transporte de superficie de Manhattan, onde era aínda pouco menos que un recén chegado. Pero

---

[8] W 12th St: Rúa 12ª, parte Oeste (con relación á 5ª Avenida).

decidín agardar ata que a evidencia de estar perdendo o tempo me pesase demasiado.

Principiei a pasear pola acera sen alonxarme nunca demasiado da suposta parada.

Acababa de da-la volta despois de completar un dos meus paseos cando me encontrei diante doutro camiñante, aínda novo.

Achegárase a min tan silandeiro, e tamén tan rapidamente, que eu non me decatara da súa presencia ata aquel mesmo instante. (Non esqueza, por outra parte, e perdoe a miña insistencia, os whiskies).

O recén chegado aconselloume sorrindo amablemente que non seguise esperando. Non me dixo por que, nin tampouco eu llo preguntei.

Deille as gracias e expliqueille que eu, no fondo, estaba pouco convencido da utilidade da miña espera, pero que non se me ocorrera nada mellor que facer.

Nun ton trivial el dixo:

Eu tamén estou esperando.

E quizais porque eu mirei para el con certo asombro el engadiu:

Ben, é unha espera moi particular.

Chamareille desde agora o Belga (non vai tardar nada en sabe-la razón).

Levaba unha gabardina branca, abondo gastada, incongruente co tempo seco e suave que disfrutabamos. Quizais a levase para tapar algún remendo, pensei. Pero advertín nel outros dous detalles igualmente chocantes: o primeiro eran as súas gafas de sol; o segundo, a súa barba descoidada. Digo descoidada porque daba a impresión de que a deixara medrar, non porque lle gustase, senón porque aborrecía afeitarse. Polo que toca ás gafas, parecéronme desde o principio exclusivamente protectoras contra o exceso de claridade, aínda que, non é necesario dicilo, non había exceso ningún de claridade: a noite por alí era francamente escura, pese ás luces públicas.

Como el se portara amablemente comigo, pensei que debía manifestarlle algún interese polos seus propios asuntos. Pregunteille, pois, se a súa espera, á parte de ser moi particular, tiña algo que ver co transporte urbano.

Non, nada, dixo. O meu medio de transporte son agora as miñas propias pernas. Shanks's mare[9], ¿non se di así?

Non sei se aquela observación quería ser un chiste; o certo é que eu non rin.

A miña espera é moi particular, repetiu.

Xa sei.

En vista de que agora el permanecía calado, dixen:

Desexo que, polo menos, non che resulte demasiado longa.

Non pode ser demasiado longa, subliñou firmemente.

Houben dicirlle: Noraboa, pero reprimín o meu impulso. Comentei:

Tes razón logo; é unha espera moi particular, porque as esperas soen resultar demasiado longas.

Si, dixo. Supoñamos que non quero agardar máis que ata as catro da mañá. Pois en tal caso non terei que agardar nin un minuto máis.

Eu cavilei sobre aquel exemplo.

Ben, pero iso pasa sempre, concluín. Quero dicir, un pode sempre interrompe-la súa espera cando lle dea a gana.

Pero o caso é que o que eu estou agardando chegará xusto cando decida non agardar por máis tempo, precisou o Belga.

Agora non repliquei nada. Realmente aquela espera semellaba bastante peculiar.

O que si fixen foi preguntarlle se tiña que esperar na rúa aquela.

Ah, non, de ningunha maneira, contestou.

---

[9] *Go on shanks's mare* é unha frase feita equivalente a "ir no coche de San Fernando" (ir a pé).

Agregou que ía camiñando cara a Times Square[10]. Era un paseo longo, pero non demasiado longo para el, dixo.

Así que a súa espera non o privaba de ir cara ó Broadway[11] central. Polo que a min toca, unha vez que o Belga me infundira a completa seguridade de que por alí non tiña eu nada polo que agardar, ¿que outra solución máis atractiva se me podía presentar que acompañalo? Ademáis Times Square quedábame de camiño para o meu hotel, se ben aínda moi lonxe del.

En suma, que partimos xuntos para Times Square. Un punto moi diferente é o de se demos chegado ou non ata este famoso nó de New York.

Os dous somos estranxeiros aquí, ¿non é verdade?, dixen pouco despois da nosa partida.

El asentiu.

E quizais no só aquí, agregou. Ben, estou referíndome a min mesmo namais.

Explicoume que levaba moitos anos vivindo como estranxeiro. Máis aínda: pensaba que só podía vivir como estranxeiro.

Non da maneira como é estranxeira a meirande parte da xente, puntualizou o Belga. Porque a maioría dos estranxeiros non chegan a ser unicamente estranxeiros. Son estranxeiros yemeníes, ou estranxeiros turcos, por exemplo.

¿E ti?, prregunteille.

Eu son estranxeiro sen referencia a ningún país concreto.

A pesar destas palabras eu aventurei:

Pero es europeo, ¿non es?

Son un estranxeiro namais. Así que non me preguntes

---

[10] Situada no corazón de Broadway (v. nota seguinte), cruzada pola rúa 42 e pola Séptima Avenida, Times Square é a máis famosa e céntrica praza de Manhattan.

[11] Broadway, "a máis longa rúa do mundo", atravesa todo Manhattan, e é mundialmente coñecida pola súa vida nocturna e pola cantidade e importancia de teatros, etc., localizados na súa parte central, incluída Times Square.

pola miña nacionalidade, porque eu son realmente de ningures.

Logo agregou:

O que si podo dicir é que nunca tiven a oportunidade de vivir en países non europeos. Porque os Estados Unidos son unha prolongación de Europa, no meu ver.

Antes de que me esqueza direi que o meu compañeiro era de cabelo castaño, alto –de acordo cos meus propios standards nacionais de estatura, non cos norteamericanos–, delgado, lixeiramente encollido de ombros.

Sen saber moi ben por que, eu figureime de seguida que debía de ser belga ou algo polo estilo. De todas maneiras, se tendo en conta o seu aspecto podía ser orixinario de calquera nación europea, tendo en conta o seu inglés, en cambio, habería que exceptuar, polo de pronto, as illas británicas.

Efectivamente, o seu inglés non era moito máis perfecto có meu. Coma tantos outros, tiñamos un inglés elemental e pluridefectuoso como linguaxe común. E, desde logo, podiamos entender aquel inglés incoloro cen veces mellor có inglés auténtico da xente de fala inglesa. Era, despois de todo, a koiné[12] do noso tempo e da nosa xeración e, aínda que semelle paradóxico, en ningún outro idioma podería expresarse máis propiamente o presente relato*.

¿Por que mencionaches no teu anterior exemplo precisamente a estranxeiros yemenís e turcos?, preguntei de repente.

É que esta tarde vin de lonxe en Sullivan Street a un rapaz que me pareceu un estudiante yemení que coñecín hai algún tempo.

Quedou así explicada a mención dos estranxeiros yemenís: a dos estranxeiros turcos comprendina un pouco máis tarde.

---

* Así e todo, eu embarqueime nesta traducción. Non hai no manuscrito, por outro lado, ningunha prohibición que me disuadise da miña empresa. (Nota do Traductor.)

[12] Koiné: lingua común.

2

Durante aquel longo e lento paseo cara a Times Square
o Belga contoume algo da súa vida: ou, máis exactamente,
contoume un capítulo dela; un capítulo, como xa se verá, con
notables consecuencias. (Dito sexa de paso, el nunca mostrou
curiosidade por coñecer nada importante de min.) Ademais,
nese capítulo intervén, entre outros –incluído un turco–, ese
estudiante yemení visto por el, se é que realmente o vira,
aquela mesma tarde. Por outra parte, fixen, aínda que non
antes da fase final da nosa aventura, algún descubrimento
sensacional –desde o meu punto de vista– sobre a biografía do
Belga.

Pero é enormemente grande a cantidade de datos e feitos
importantes con el relacionados que quedaron para sempre
ignotos para min. Entre eles, algúns que, de ordinario, se co-
munican xa no mesmo intre de iniciar unha amistade.

Por exemplo, o seu nome. O Belga detestaba os nomes
propios. Sobre todo, os persoais. Pode tamén que recease di-
cirme o seu nome por medo de que puidese deducir del a súa
nacionalidade e deixase así de ser de ningures.

O caso é que el defendeu razoamentos tan pouco sólidos
coma este: ¿Como pode ninguén considerar un nome calque-
ra como o seu nome? ¿Como é posible que un admita ser Pe-
ter ou Edward ou algo polo estilo, se el soamente é el mes-
mo?

Así e todo, a verdade é que a ignorancia dos nosos no-
mes respectivos –por suposto, el nunca me preguntou a min
polo meu– non volveu máis dificultoso o noso diálogo. En se-
gundo lugar, é ben certo que os ataques do Belga ós nomes
propios carecían de xustificación; mais tampouco debemos
caer no extremo oposto, como o pai de Tristan Shandy[13], que
sostiña, igual que outros moitos antes e despois ca el, que os

_____

[13] Tristan Shandy: personaxe do escritor inglés Lawrence Sterne (1713-
1768).

nomes propios exercen unha influencia máxica –boa ou mala– sobre os nosos caracteres e as nosas conductas. E finalmente direi que o meu amigo non puido sospeitar que eu ía chamarlle o Belga: empecei a darlle este nome despois do remate da nosa aventura. E abonda de nomes propios.

Outro dos primeiros asuntos dos que falamos é New York.

O Belga dixo que lle gustaba New York e que, na súa opinión, era unha enxebre cidade norteamericana. Como ve, a nosa conversa non destacaba por orixinal. Polo menos, ó principio.

De todas maneiras, eu comentei que a súa opinión me sorprendía por superflua, pois todo o mundo daba por suposto que New York era a máis típica cidade norteamericana. Teño que recoñecer que o meu comentario no foi certeiro, como ha comprobar Vde. se ten a paciencia de seguir lendo o meu relato.

Agora ben, ¿que significaba exactamente ser norteamericano? ¿Eran os polacos, os gregos, os italianos establecidos nos Estados Unidos auténticos norteamericanos?

¿E os negros? ¿E os portorriqueños?

Un sudista e mais un ianqui dificilmente chegarían a un acordo sobre estes e outros puntos relativos ós Estados Unidos.

Era innegable, por outra banda, que a maioría das disputas se derivaban da imprecisión das palabras.

Tales foron, repito, algúns dos primeiros puntos de que tratamos e algunhas das nosas primeiras conclusións.

O Belga afirmou:

A min gústame New York porque, en definitiva, pertence á Área Protestante.

¿Que queres dicir?

O que quería dicir era que, a pesar de toda a enorme masa heteroxénea dos seus novos inmigrantes, New York, polo seu carácter, non difería moito, no seu ver, do carácter dos países do norte de Europa de fondo protestante, que eran os únicos onde se sentía verdadeiramente a gusto, aínda que sen estar tampouco compenetrado con ningún deles en particular. Sabía moi ben, sen embargo, que había norteamericanos cunha visión moi distinta do New York actual.

O Belga confesoume seguidamente que, en Europa, sempre tiña o desexo de ir máis alá cara ó norte.

¿Por qué?, pregunteille.

Non sei. Quizais non teña ningunha razón. Non me gusta someterme a razóns.

De todas manerias, eu suxerinlle algunhas razóns posibles: o clima, a luz, a maneira de ser das xentes. Pero ningunha delas lle pareceu suficiente –se ben a última considerouna case suficiente–. Non simpatizaba cos caracteres extrovertidos.

O que si che podo dicir é que o protestantismo é do que menos me interesa na Área Protestante, manifestoume.

Fixen o seguinte chiste:

Pero a terra é redonda, de xeito que un progreso indefinido cara ó norte acabará por converterse nun progreso cara ó sur.

Moi ben, replicoume o Belga. Chegaríase así ó Polo Sur, que debe de ser máis ou menos coma o Polo Norte.

Logo, eu dixen que tamén eu tiña unha impresión favorable de New York; que, en certa maneira, parecíame a cidade máis interesante do mundo, especialmente para xente nova sen familia; pero que, con todo, no me gustaría establecerme en New York definitivamente. Os edificios eran tan sobranceiros que

Eu non son un romántico, interrompeume o Belga. Non me interesa o firmamento.

Continuou dicindo que, visto de lonxe, o firmamento parecía bonito pero que, de cerca, a paisaxe cambiaba.

Supoño que terás visto a lúa en fotografías feitas con telescopio, agregou. E terás comprobado que non é máis que un montón de area cheo de buracos. E tódolos planetas deben de ser así, puros desertos.

De repente corrixiuse a el mesmo:

Ou se cadra non é así. Se cadra viaxamos acompañados polo espacio.

¿Viaxamos?

Referíase ás diversas órbitas dos planetas.

Unha viaxe monótona, comentei.

El replicou que non tan monótona: polo menos, o movemento de traslación da terra daba lugar ás diversas estacións do ano.

E tamén é unha viaxe suave, agregou. Polo que eu sei, ninguén se marea por causa dela.

Pregunteime se non lera xa nalgures aquela especie de chiste.

Imaxina que hai millóns de planetas con vida intelixente, díxome o Belga. Ha chega-lo día, se é que non chegou xa en que todo o espacio cósmico se encha de sinais de radio emitidos por cada planeta coa esperanza de se comunicar cos demais. E imaxina que eses sinais chegan por fin ós seus diferentes destinos. ¡Menudo rebumbio!, ¿non pensas? Cada planeta dirixindo preguntas e enviando respostas e, no fondo, todos eles na ignorancia máis completa sobre as cuestións fundamentais.

E o Belga rompeu en risadas ante aquela perspectiva de millóns de planetas perplexos.

A propósito, preguntoume logo, ¿tes idea de cantos satélites artificiais foron postos en órbita ata hoxe?

Non sei, non levo a conta.

Non te preocupes.

E seguidamente, a maneira de explicación, agregou:

É que hai meses que non leo un periódico.

Non lía periódicos, cofesoume; de xeito que non estaba ó tanto dos asuntos mundiais, e non só dos relativos ó espacio exterior. Tampouco tiña o costume de ollar para as cabeceiras de periódicos despregados nas mans doutros lectores ou dos expostos nos lugares de venda.

Eu, lector superficial do The New York Times[14], díxen-
lle, quizais porque iamos camiño de Times Square, que me
parecía que no edificio do Times se publicaban noticias bre-
ves por medio de letreiros luminosos.

Pero nunca teño ganas de te-la cabeza ergueita o tempo
necesario para enteirarme de ningunha desas noticias, por
moi lacónicas que veñan, contestoume.

A continuación fíxome esta pregunta:

¿Estamos en perigo inminente dunha guerra mundial?

Home, non creo.

¿Pensas que a New York non lle agarda o destino de Hi-
roshima[15]?

Espero que non.

E engadín:

Polo menos, mentres que nós esteamos aquí.

3

Xa o dixo o poeta[16]:

Ne'l dir l'andar, nè l'andar lui piú lento
facea, ma ragionando andavan forte,
sì como nave pinta da buon vento[17].

(Purgatorio, XXIV, 1)

Andar e falar ata que un se esqueza de que está andando.
Se un se detén, a conversa detense tamén.

---

[14] *The New York Times:* un dos xornais máis prestixiosos dos EE.UU.,
que dá nome a Times Square, pois nesta praza instaláronse as súas oficinas
en 1904.

[15] Hiroshima: cidade xaponesa na que foi arroxada a primeira bomba
atómica, en 1945.

[16] O italiano Dante Alighieri (1265-1312), autor da *Divina Comedia*; da
súa 2.ª parte, "Purgatorio", están tomados os versos que seguen.

[17] "Nin o falar o andar, nin o andar o falar máis lento / facía, pois con-
versando andabamos moito / como nave rempuxada por bo vento".

Pero penso que non paga a pena que lle siga relatando estes primeiros momentos –que non sei se a Vde. se lle irán facendo xa demasiado longos– da nosa conversa polo miúdo. Mellor darlle unha idea xeral, penso, máis ou menos como xa tratei de facer hai un pouco.

Porque o certo é que, a pesar do whisky, lémbroa con forza, a nosa conversa –aínda que non sei se este termo val tamén para o pequeno relato autobiográfico con que me obsequiou o Belga, ó que aludín antes e co que intentarei compoñe-la segunda parte deste escrito. É practicamente o único da nosa camiñada cara a Times Square que me quedou gravado na memoria.

Seguimos falando de asuntos aparentemente nada relacionados con urxencias persoais. Só aparentemente, como xa se verá; eu mesmo tardei en descubrilo.

De historia, por exemplo.

4

De historia. De A. J. Toynbee[18].

O Belga fora unha vez cunha rapaza, contoume, a unha conferencia de A. J. Toynbee. Non a entendera moi ben; a dicir verdade, non estivera moi atento.

O Belga preguntoume se eu o coñecía, a A. J. Toynbee.

Si: era un historiador. Ou máis propiamente: un historiador que medita sobre a historia.

Medita sobre a historia ¿para que?

Para ver cal é o seu... non sei. ¿En que consiste? ¿Para ver en que consiste a historia?

Iso sabíao el moi ben, o Belga: en guerras, batallas, xenocidios. En millóns de víctimas inxustas.

Esta era a súa conclusión despois de se dedicar ultima-

---

[18] A. J. Toynbee (1889-1975), historiador inglés.

mente –debía de ter tempo de lecer abondo– a devorar libros de historia na New York Public Library[19].

Non sei ben como empezamos, mais o certo é que, case de súbito, atopámono-los dous recitando unha lista de guerras, ou de clases de guerras.

Guerras Médicas.

Guerras Púnicas.

Guerra dos Cen Anos.

Guerra dos Trinta Anos.

Guerras de Sucesión.

Guerras de Secesión.

As últimas que citamos foron a Guerra de Corea e a Guerra de Arxelia, lémbrome ben disto. Como pode ver, na nosa lista non houbo orde nin concerto. Case sempre nos deixamos levar por asociacións verbais. Porque os pobos loitan á forza, e logo os historiadores bautizan tranquilamente as guerras, como os botánicos as plantas.

Pero aínda non paramos aquí. Das guerras pasamos ás batallas. El nombrábaas e eu replicaba como un eco infiel.

Maratón, Termópilas, Salamina, Platea.

Egospótamos, Queronea.

Gránico, Isso, Gaugamela.

Mylae.

Tessino, Trebia, Trasimeno, Cannas.

Zama.

Etc., etc., etc.

Guerras e batallas: que doado recitalas e que difícil imaxinar como o pasaron os que participaron nelas, cavilou o Belga.

Para non mencionar outro tipo de salvaxadas, como a construcción das Pirámides.

¿Que era, pois, a historia? Que lles preguntasen a tódalas súas víctimas.

---

[19] New York Public Library: a monumental Biblioteca Pública de Nova York.

Asombrado por aquel resume da historia tan unilateral e incompleto, tratei de reaccionar, pero o Belga non mo permitiu.

Porque seguiu falando para critica-la facilidade coa que a xente supón que o curso normal da historia vaina librar de toda clase de perturbacións. Pero o curso normal da historia era xustamente ese: guerras e batallas. ¿E quen podía te-lo dereito de considera-la historia particularmente inxusta con el no caso de que fixese del unha nova víctima?

¿Non fora xa particularmente inxusta con todas e cada unha das súas víctimas –perdón– inxustas?

Por iso, rematou o Belga, cando eu expresaba a miña esperanza de que o destino de New York City[20] non fose coma o de Hiroshima..., cando expresaba iso non tiña en conta que a historia é xustamente Hiroshima.

Novamente tratei de reaccionar. Agora con máis éxito –pero sen convencer. ¿Por que afirmaba el que a historia consistía só en guerras e batallas? ¿E as obras de arte? ¿E os adiantos científicos? Por exemplo.

Entón foi cando o Belga parou para pedirme un lápiz e un anaco de papel. Eu empresteille a miña vella pluma estilográfica, e deille unha tarxeta de visita que el revirou de inmediato como para fuxir da tentación de le-lo meu nome nela. E na tarxeta, aproveitando unha luz pública, escribiu aquelas fórmulas: Bo + Malo $\neq$ Regular, a primeira; Bo + Malo = Malo, a segunda.

¿Significa que o negativo anula o positivo?, aventurei. Máis ou menos, admitiu o Belga, mais el precisou aínda: non só o negativo actual, senón tamén o pretérito e o futuro.

E cando xa eu me dispoñía a reemprende-lo camiño, o Belga volveu parar, porque lle quedaba a fórmula do progreso: Malo $\longrightarrow$ Bo $\longrightarrow$ Moi Bo $\longrightarrow$ Perfecto.

---

[20] New York City: a cidade de Nova York, para diferenciala do estado do mesmo nome.

Pero mesmo se isto fose verdade, dixo, mesmo se estivesemos achegándonos, veloces ou lentos, cara a unha sociedade perfecta, a historia estaba xa lixada irremediablemente por inxustizas, catástrofes, masacres, xenocidios e, polo tanto, era negativa na súa totalidade. Porque ¿quen redimía ós escravos do pasado? Ou do presente, dixen mecanicamente. E tamén dixen, pasándome, en certo xeito, ó bando contrario, ou sexa, ó punto de vista do propio Belga: a face mala da historia non eran só as batallas, masacres e catástrofes. E mecioneille os labregos enmudecidos, os obreiros constructores do que han disfrutar outros. E tamén tiranías, vixilancias ubicuas –ollos sempre apuntando contra os demais; orellas á escoita de toda palabra, mesmo de todo pensamento.

Nós, por exemplo. Non tomaramos parte en ningunha guerra, certo, pero de fixo que non eramos como quereriamos ser, en parte porque a historia do mundo, ou a dos nosos respectivos países, o fixera imposible.

Mais cando o Belga me replicou que o destino de Hiroshima fora moito peor, eu tiven que asentir. E cando agregou que a sorte das víctimas do culleus... ¿Culleus?, preguntei.

Si: parecíalle que culleus era o nome.

En Roma, explicoume o Belga, ós parricidas metíanos nun saco cun galo, un can, un lagarto, un mono e mais unha pedra pesada e logo tirábanos ó mar para que afogasen todos xuntos –todos, agás a pedra.

E como eu non pasara por tal castigo, eu era moito máis afortunado cás víctimas do culleus.

E a pregunta que el me facía era a seguinte: ¿Por que a historia me librara de tal castigo, mentres que non librara a tantos outros?

Hai tormentos moito peores, dixen. Pero, para empezar, nunca cometín parricidio.

Pero esa era unha razón superficial, sostiña o Belga.

¿E se a historia toda fose falsa?, preguntoume o Belga de repente.

Non aludía ás diferentes interpretacións da historia feitas

polos historiadores, senón ós mesmos acontecementos históricos. Por exemplo: a batalla de Waterloo.

Non podes pensar iso, repliqueille: porque un home que non cre na historia non tería tomado a molestia de ler tanto sobre ela.

De todas maneiras, a única historia que realmente lle importaba, díxome o Belga, era a súa verdadeira historia. E non se refería exactamente á súa biografía.

A miña biografía é falsa, pero a miña verdadeira historia non, concluíu.

Naturalmente, a min todo aquilo soábame a chino. E non o digo, xa me entenderá, polo seu inglés, que era, penso, bastante mellor có meu.

5

De castigos. Falamos tamén de castigos –ou seguimos falando deles.

Preguntoume o Belga se algunha vez eu fora castigado.

Non coma as víctimas do culleus, naturalmente, agregou.

Algunha vez, dixen. Coma tódolos pequenos, máis ou menos.

Pero de ordinario ¿sabía por que me castigaban?

Eu dixen que si.

Porque un castigo sen que un saiba por que o castigan é máis duro, ¿non é?

¿Por que aquel interrogatorio?, protestei.

¿Non sería máis duro?

Sobre todo, dixen, francamente censurable. Porque ¿que lección pode sacar un rapaz dun castigo se non sabe por que o castigan?

Si, pero ¿tódolos castigos son educativos?

Eu encollín os ombros. O asunto dos castigos non me importaba nada.

Pero o Belga insistiu:

¿Que diría eu do culleus, por exemplo? ¿Que lección puideron sacar de tal castigo as súas víctimas?

Quizais o culleus estaba destinado á educación, non das súas víctimas, senón dos demais, aventurei.

Por fin, deixou o Belga o asunto dos castigos; pero para advertirme que eu cometera un grave erro: menciona-los adiantos científicos como exemplo da faceta boa da historia.

Quizais sexan o lado peor, afirmou.

O progreso da ciencia, argumentou, non tiña por que promover necesariamente o progreso do home. Isto poucos o comprendían.

Non sería raro que nun futuro non lonxano a conducta do home se puidese controlar desde afora, como os movementos dun monicreque. Ou que se producisen verdadeiros superhomes –homes tan por enriba dos nosos niveis, que nos considerarán como ananos despreciables, a pesar de termos sido os seus creadores... E mesmo as máquinas poderán no futuro...

Eu pareino.

Xa abonda, díxenlle.

Encontrara máis ben divertida a súa –ou a nosa– enumeración de guerras e batallas; mais sentíame incapaz de aturar aquela especie de ladaíña sobre os perigos da ciencia.

Namais quería dicir que non hai que ser demasiado optimista polo que toca á ciencia, dixo.

Tampouco sarcástico, agregou de repente, non sei por que.

Sarcástico é o que ri despectivamente de todo, ¿non?, preguntou, pero a cuestión é: ¿por canto tempo se pode manter como actitude predominante na vida unha actitude sarcástica?

El coñecera a un rapaz alemán...

Hai un personaxe de Dostojewsky, empecei, mais el interrompeume, como eu o interrompera a el, e case llo agradecín.

Non lin nada de Dostojewsky[21], declarou. Hai moito que non leo unha novela.

Logo, foi el o que me preguntou se eu lera un libro chamado The Ugly American[22].

Non, contestei.

Fixeches ben, comentou. Penso que non perdiches nada.

6

Eu manifesteille a miña impresión, edificada sobre os comentarios que lle levaba oído, de que a súa actitude predominante era, non sarcástica, mais si extremadamente crítica.

Desde logo, non me refería á mala idea que tiña de The Ugly American, senón a outros xuízos seus –sobre a natureza, a historia, a ciencia e así.

Non falamos da natureza, paréceme, puntualizou el.

Ben, repliquei, fixeches algunhas observacións despectivas sobre a lúa e os planetas.

¿Gustábame a min a natureza?, preguntoume. Eu contestei que si.

¿Tiña visto insectos como a manthis relixiosa?

Agora emitín un si vacilante.

¿Gustáronche?

Tódolos insectos son máis ben feos, opinei para saír do paso.

---

[21] Fedor Dostojewsky (1821-1881), xenial novelista ruso.

[22] *The Ugly American:* É unha especie de novela política desenrolada no sureste asiático, na que os seus autores, W. J. Lederer e E. Burdick, fan unha crítica da política exterior dos EE.UU. Figurou na lista dos *best-sellers* norteamericanos hai arredor de trinta anos e foi traducida ó español co título de *El Americano Feo.* Nunha obra posterior, *A Nation of Sheep,* traducida ó español co título de *Una Nación de Borregos,* W. J. Lederer subliña, en conformidade, como se verá, co parecer da rapaza norteamericana pola que o Belga coñeceu a existencia de *The Ugly American,* que unha das conclusións prácticas que se deducen deste libro é que os norteamericanos deberán aprender a tratar axeitadamente ós estranxeiros nos EE.UU.

Tódolos animais son feos, dictaminou el enerxicamente.

¿Quen podía sentir simpatía por unha langosta ou por un polbo?

E se o aspecto da maioría dos animais era antipático, os seus instintos e hábitos aínda eran peores.

Tanto que se louvaba a sabiduría dos animais, pero ¿que era o que facían, á parte de devorárense os uns ós outros? Mesmo as máis raras bolboretas (nadas, despois de todo, de vulgares eirugas) e os máis rechamantes paxaros tropicais.

E non había que exceptua-los animais domésticos.

Os gatos, por exemplo.

Si: eran silenciosos, case pasaban desapercibidos, mais non valían para nada.

Eu apuntei que tiñan fama de egoístas.

Pero el reprocháballes xustamente o contrario do que lles reprochaba ós demais animais: atacábaos por ser tan monótonos, tan aburridos.

Non comprendo como hai tantas mulleres que recorren ós gatos como compaña, dixo.

Eu non tiña o menor interese en defende-los gatos; pero ¿e as vacas? ¿Non eran merecentes da nosa gratitude?

O Belga permaneceu impasible ante a miña mención destes mamíferos, como se para el as vacas fosen aínda menos importantes cós gatos. O seu silencio semelloume demasiado inxusto para eu pasalo por alto.

Sen dúbida podes prescindir dos gatos, pero a duras penas poderías prescindir das vacas, díxenlle.

Nunca tiven unha.

Seguro. Pero supoño que de cando en cando comerás algo de carne vacuna.

De repente veume a sospeita de que quizais non comese carne, nin tan sequera na forma dos máis comúns hamburgers, por resultarlle demasiado cara.

Pero, en todo caso, un vaso diario de leite beberíao. Porque algo tiña que tomar, e ¿que alimento se axeitaba mellor a unha economía pobre que unha certa cantidade diaria de leite?

¿Ou sería vexetariano? Tendo eu, como tiña, unha forte cultura antivexetariana, descoñecía por completo o mundo do vexetarianismo. Sabía vagamente que algúns vexetarianos eran máis rigorosos ca outros, pero non tiña unha idea clara da compatibilidade do leite coas distintas dietas vexetarianas.

De todas maneiras, xa que el rexeitaba tan contundentemente ós animais, ¿transixiría, polo menos, co reino vexetal?

Xa vexo que non che gustan os animais, pero ¿que me dis dos vexetais?, pregunteille.

E pareceume que o Belga debuxaba un sorriso de superioridade.

(Por outra parte, despois puiden decatarme de que non era vexetariano).

7

Aínda que me puxera un plano de Manhattan diante dos ollos, sería eu incapaz de reproduci-lo camiño que seguimos. O meu coñecemento de New York City aínda era, como xa sabe, moi deficiente. Non é a miña vida o que quero contar, pero debo dicir que pasara fóra de New York a maior parte da miña estada en Norteamérica. Ademais era a primeira vez que volvía de Greenwich Village a pé en vez de en autobús.

Sentiamos confusamente que logo iamos desembocar en Broadway, e sabía con toda certeza que foramos dando numerosos rodeos. Figurábaseme que o Belga estaría moito máis familiarizado ca min con todas aquelas rúas –entre outras razóns, pola seguridade coa que me dera aquel consello na suposta parada.

O caso é que eu, sen lle dicir nada, cargara sobre el a tarefa de guia-los nosos pasos. Pero podía ser que el tivese feito outro tanto comigo; a consecuencia sería entón que camiñabamos sen rumbo.

A noite era insolitamente primaveral.

Pensei: Aquí estamos, no miolo da meirande metrópolis do mundo, parolando de manthis, langostas, gatos e vacas e vexetais. E comentei:

Non me lembro de ter falado nunca tan seguido de toda caste de animais.

Hai demasiados. Demasiadas especies, demasiados animais en cada especie, replicou o Belga.

Eu dixen:

De tódolos xeitos, non creo que te poidan molestar aquí, nesta selva urbana.

Sen facer caso destas palabras, o Belga preguntoume:

¿Pensas que cada especie e cada animal teñen unha razón de ser?

Supoño que si.

Todo ten unha razón de ser, ¿non é verdade?

Eu encollín os ombros.

¿Non é verdade?, repetiu.

Supoño que si, dixen de novo por dicir algo.

Iso quere dicir que o que non ten razón de ser non é. E isto vale para todo. Mesmo para New York City.

Agora eu quedei calado.

Pero pode ocorrer, agregou el, que che pareza que existe o que non existe.

En vista de todas aquelas voltas que estaba dando arredor de non sei que, preguntéille:

¿Fuches recentemente a algunha outra conferencia, á parte da de A. J. Toynbee?

Contoume que só fora a outra máis, dada por un xove representante do F.L.N.[23] arxelino; pero, realmente, máis que dunha conferencia, tratárase dun meeting político en prol da independencia de Arxelia.

¿Fuches tamén cunha rapaza?

---

[23] F.L.N.: Frente de Liberación Nacional arxelino, que loitou contra a colonización francesa.

Si, claro.

Era improbable que asistise a ningunha conferencia non sendo influenciado por algunha rapaza, confesou.

8

Direiche cal é a inxustiza básica, anuncioume de súbito o Belga.

A inmensa maioría das persoas non naceron de acordo cos seus gustos e desexos. ¿Por que tantos naceron burros querendo ser listos, ou feos querendo ser guapos, ou sen sex appeal querendo telo? Sinxelamente, porque non puideron escoller. En cambio outros, sen merecemento ningún pola súa parte, naceron con tódalas cualidades que lles interesan.

Pero aínda hai máis, seguiu o Belga. ¿Por que uns seres vivos naceron arañas, outros langostas, outros homes? Porque ningún deles puido escoller especie tampouco. ¿Ti pensas que, se a unha langosta lle desen a escoller, escollería ser langosta?

Eu calei unha vez máis e el lanzoume esta nova pregunta:

¿Ti cres na reencarnación[24]?

Non, contestei.

Eu tampouco. Polo tanto, existe unha inxustiza básica, concluíu o Belga.

Houbo outra pausa, novamente interrompida polo Belga:

¿Prefires que che fale de rapazas?

Prefiro.

Mais, polo momento, falou del mesmo. Dixo que aquela noite camiñaba sen ningún propósito definido de buscar compaña, pero ó albiscarme a min dando voltas arredor da parada

---

[24] Reencarnación: Tránsito das almas duns corpos a outros. O destino, bo ou malo, dun ser vivo é consecuencia, para os crentes na reencarnación, dos méritos ou deméritos de existencias anteriores.

(ben, el non mencionou expresamente a parada de autobús) decidira achegarse a min e falarme.

Celebro estar contigo, agregou. Pero debes saber que esta noite non teño intención de deitarme. Naturalmente, podes deixarme cando queiras.

Realmente, eu non tiña sono. Por outra parte, tampouco me custaba traballo apraza-lo regreso ó meu hotel. Así llo comuniquei ó Belga.

E non é que tivese ningún motivo razoable de queixa contra o hotel. A habitación que eu ocupaba –número 403, lémbrome ben– proporcionábame todo o confort que eu puidese desexar, e aínda máis. Non obstante, o hotel, no seu conxunto, inspirábame certo sentimento de baleiro. Para empezar, eu nunca atopaba a ningún hóspede, aínda que, sen dúbida, contaba cun grande número deles. Pero era coma se todos estivesen fondamente acochados nas súas habitacións.

Estas, por outro lado, amosaban unha colección tal de pechaduras como para sospeitar que a principal preocupación do manager do hotel era a seguridade persoal da súa clientela. Máis que un hotel semellaba un enorme conxunto de celas hermeticamente pechadas.

O Belga preguntoume polo seu nome.

Greystone, Broadway at 91st. Street[25], recitei. Non demasiado distante de Harlem[26].

Eu parei na Y.M.C.A.[27] a noite pasada, informoume o Belga.

Non fixeramos ningunha outra parada desde que o Belga escribira as fórmulas na tarxeta.

¿Sabes dalgún sitio onde poidamos tomar algo?, preguntei.

Non por aquí.

---

[25] Greystone (nome do hotel), Broadway coa rúa 91ª.
[26] Harlem: Barrio negro de Nova York.
[27] Y.M.C.A.: Abreviatura de Young Men's Christian Association (Asociación Cristiá para os xoves), organización que dispón de albergues xuvenís baratos.

Tanto mellor.

A verdade é que non me sobraba o diñeiro, nin me quedaban realmente ganas de beber máis nada.

Conteille ó Belga a miña tarde por Greenwich Village. Despois pregunteille:

¿Frecuentas ti o Village?

Regular. Quero mellor coñecer un sitio novo cada día.

New York era a cidade ideal para tal programa, observei. Podía un vivir en New York anos e anos, e sempre lle quedarían sitios novos e insospeitados por coñecer.

Por outra parte, a vestimenta do Belga, tan europeamente gris –ou branca–, non acabaría de encaixar, pensei, no informal barroquismo imperante no Village.

Ademais, o Belga afirmou que tamén lle gustaba coñecer sitios novos fóra de New York City.

É moi fácil, dixo. Se hai un autobús a punto, cóllelo; se ves un tren que agarda, méteste nel.

Por exemplo, hai algún tempo fun ata a Port Authority Bus Terminal[28] con idea de facer unha viaxe de dous días como máximo. E resulta que estiven fóra non sei cantas semanas.

¿Cambiaches de plan?, pregunteille.

Si. Ou, mellor dito, unha rapaza que estaba nunha das colas para sacar billete fíxome cambialo. É unha historia francamente interesante. ¿Queres que cha conte?

Eu animeino cunha rápida resposta afirmativa.

Supoñía que el estaba xa canso, coma min, de tanta conversa impersoal e baleira –entón parecíame baleira; decateime moito despois do meu erro. Os dous necesitabamos, afirmei, tratar de asuntos máis concretos, de feitos, en especial de feitos relacionados con nós. De xeito que non nos viría nada mal aquela historia iniciada nunha cola da Port Authority Bus Terminal.

---

[28] Port Authority Bus Terminal: Grande terminal de autobuses, non lonxe de Times Square.

II

If to her share some female errors fall
Look on her face, and you'll forget them all.

ALEXANDER POPE, *The Rape of the Lock.*[1]

---

[1] "Se certos erros femininos lle corresponden a ela / Olla para a súa face, e esqueceralos todos.", *O Roubo do Rizo,* poema satírico do poeta inglés Alexander Pope (1688-1732).

1

Así é como recordo eu a exposición feita polo Belga daquela historia francamente interesante, e os diálogos e comentarios máis ou menos conexos con ela:

Vou principiar por un libro, dixo o Belga. Eu pregúntome se a simple lectura dun libro pode producirlle a un tanta impresión como para rempuxalo, xa non digo a toma-lo acordo de cambiar de vida, senón a dar de inmediato certos pasos que a un non lle pasarían pola imaxinación de non ser polo influxo desa lectura.

Porque, ademais, o notable é que non me estou referindo a un tratado relixioso como, por exemplo, un libro de Calvino[2] ou de Tomás de Kempis[3]; non; trátase só dunha especie de reportaxe que versa, supoño, sobre circunstancias moi concretas e máis ben distantes.

Conste que eu non lin ese libro.

Tampouco lin ningunha crítica sobre el; así que, en realidade, non debes dar moito creto ó que che estou dicindo.

Ben, o título do libro é The Ugly American, e foi, ou

---

[2] Jean Calvin (1509-1564), teólogo protestante de orixe francesa.
[3] Tomás de Kempis (1380-1471), agostiniano alemán autor de *A Imitación de Cristo*.

aínda é, un celebrado best-seller. Xa digo, eu non o lin, pero, en cambio, lérao unha rapaza norteamericana de dezanove anos que atopei nunha das numerosas colas da Port Authority Bus Terminal.

En realidade, a miña pregunta é máis ben retórica. É dicir, eu sei moi ben que, fose cal fose a versión da rapaza, as principais influencias sobre a súa conducta eran máis complicadas cá simple lectura de The Ugly American .

Era unha rapaza loura, moi guapa. Tiña ollos grandes, sedosos, intensamente verdes, e unha expresión ó mesmo tempo agarimosa e sinxela; a súa cara era non sei se dicir limpa; ou sexa, tiña un cutis, ¿non se di así?, no que non se notaría o mínimo defecto, porque é que non o había, seguiu contando o Belga.

Permítaseme unha interrupción: o Belga nunca me dixo o nome da rapaza; non é preciso repetir que aborrecía os nomes propios. Sempre aludía a ela chamándolle the girl[4], sen máis; así que eu, para abreviar, chamareille simplemente G.

Moitas veces téñome fixado, seguiu o Belga, no contraste que a miúdo se dá entre as rapazas e os rapaces norteamericanos; porque estes son, polo común, o vivo retrato da fortaleza física, mentres que as rapazas semellan moitas veces fráxiles, sensibles e delicadas; pertencen a un tipo sofisticado de beleza feminina que non encaixa moi ben no tipo predominante entre os seus camaradas do outro sexo.

Xa non me lembro ben de cara a onde pensaba ir eu desde a Port Authority Bus Terminal.

O que si é ben certo é que eu non tiña precisión de ir a ningún sitio determinado. De xeito que aceptei sen vacila-la invitación que me fixo G. para que fose con ela.

A invitación formuloumа case de repente.

Máis ou menos foi así: Ela decatouse inmediatamente de que eu non era americano. You come from Europe, don't

---

[4] *The girl:* a rapaza.

you?[5], díxome. Logo preguntoume para onde ía; eu contesteille que, no fondo, tanto me tiña un sitio como outro.

Feliz situación, comentei eu.

O Belga, sen replicarme nada, seguiu contando:

¿Gustaríache vir comigo?, propúxome ela. Creo que o pasarás ben, e así non estarás tan só, etc., etc. Eu díxenlle que, por min, non había inconveniente.

Así que viaxamos xuntos nun Greyhound[6]. A viaxe era cómoda e rápida, unhas cinco horas para percorrer trescentas e pico de millas[7], cunha parada a medio camiño para os que quixesen mercar algo de comida ou de beber nun establecemento situado ad hoc[8] no traxecto. Xa saberás como son estas viaxes.

Durante a viaxe, ela díxome que acababa de ler ese libro, The Ugly American, e que a impresionara moi fondamente. Aprendera moito del. A principal lección que sacara era que os norteamericanos deberían ser moito máis afables cos estranxeiros, se querían mellora-la súa fama no mundo.

Eu era un estranxeiro, e comigo non puido ser G. máis afable, pero non me parece probable, como xa che dixen, que isto se debese só á influencia de The Ugly American; máis ben diría que o libro este veu reforzar tendencias que xa eran nela naturais e espontáneas.

Pero non penses que todo isto das posibles influencias de The Ugly American sobre o comportamento de G. me intriga tanto como parece.

De todas maneiras, ela díxome que non lle gustaban os rapaces norteamericanos. Así e todo, máis tarde tiven ocasión de decatarme de que tampouco había que tomar esta declaración ó pé da letra.

E a verdade é que, por outra parte, os amigos estranxei-

---

[5] *"You come..."*: "Ti es europeo, ¿non es?"
[6] A Greyhound Lines é unha das máis importantes compañías de coches de liña dos EE.UU.
[7] 1 milla equivale a 1609,33 metros.
[8] *Ad hoc*: A propósito.

ros cos que ela andaba, eu mesmo incluído, non eran mellores có promedio dos americanos.

Eu só che falarei de dous: En primeiro lugar, dun yemení que viñera a estudiar xeoloxía nunha universidade de aquí. Supoño que debido á abundancia de pozos petrolíferos no Medio Oriente.

En segundo lugar, dun periodista turco.

Pero, ademais desta parella musulmana e de min mesmo, había outros moitos. Ata o punto de que unha vez, a raíz dunha conversa precisamente sobre The Ugly American (e espero que esta sexa a miña derradeira mención deste libro), eu dixéralle a G. que ben estaba amosar unha particular amabilidade cos estranxeiros; pero que busca-las amistades exclusivamente entre as colonias estranxeiras, era xa desmedido.

Coñecín primeiro ó Estudiante Yemení. Veu a un café que se chamaba Kosmos, propiedade dun inmigrante grego. Alí citáranos G. para ir a un cine especializado en películas minoritarias. Esta idea de ir ó cine era tamén de G., así como a de trasladármonos a downtown[9] no coche do seu pai, guiado polo Estudiante Yemení. Presumo que non era a primeira vez que G. lle encaixaba a encomenda de guia-lo coche aquel.

Aqueles días estaban poñendo unha película francesa que impresionara moito ós entendidos en cine selecto. Desenrolábase maiormente na cidade de Hiroshima, cando aínda era un montón de ruínas; e o argumento era unha especie de love-story[10] de postguerra entre unha francesa e un xaponés.

Eu quedei asombrado polas maneiras do Estudiante Yemení. Eran dunha suavidade e dunha dozura que eu non sei se florecen só entre as xentes orientais; pero, desde logo, deixáronme abraiado. Asombráronme tamén os seus ollos pola mirada tan fondamente triste que emitían.

Só falaba despois de longos intervalos de silencio, cunha voz maina e deprimida, tan triste, diría eu, coma os seus

---

[9] *Downtown:* o centro da cidade.
[10] *Love-story:* historia de amor.

ollos. E, non obstante, o que dicía distaba moito, polo común, de ser deprimente. Todo o contrario: parecía que poñía todo o seu esmero en escoller xustamente aquelas palabras que máis axuda moral e máis consolo puidesen levar ós seus interlocutores.

En conxunto, daba unha impresión, ¿como diría eu?, era unha impresión sedante, que lle sentaría moi ben, pensei de seguida, a G., tan inqueda e inconstante.

O que estou contando pasou xusto ó día seguinte da nosa chegada de New York.

A serie de preguntas que o Estudiante Yemení empezou a dirixirme tan logo como G. mo presentou, a axuda tan desinteresada que me ofrecía, eran propias dun amigo especial, un amigo de sempre, verdadeiramente preocupado pola miña vida e polos meus problemas.

Por exemplo, dicíame: ¿Onde che gustaría vivir mentres esteas aquí? Quizais eu poida axudarche a buscar unha vivenda axeitada; e, desde logo, podes vir para o meu apartamento, se non che importa, en canto que non consigas outro para ti só.

Tanto el como G. tiñan os seus apartamentos no mesmo edificio, pero non quedaba daquela ningún outro vacante para min. Así que, provisionalmente, eu paraba na casa dunha señora coñecida de G., nunha rúa chamada Clarendon Street.

O Estudiante Yemení preguntoume tamén se pensaba estar na cidade por moito tempo: ¡sería maravilloso!, exclamou como extasiado ante esta posibilidade. Tamén dixo que eu fora verdadeiramente afortunado por ter atopado a unha rapaza como G. ¡É unha rapaza extraordinaria!, repetíame. E, ante o montón de louvanzas que caían sobre ela, G. non acertaba máis que a pronunciar corteses e tímidas expresións de humildade.

Eu tamén lle fixen ó Estudiante Yemení, para corresponder, algunhas preguntas sobre os seus problemas e circunstancias pesoais.

E non tratarei de describirche a enorme desolación do
seu xesto cando, respondendo a unha das miñas preguntas,
me dixo que dentro dun ano tería que voltar ó seu país.

Eu recoñezo que, malia todo, teño moitos motivos para
estarlle agradecido ó Estudiante Yemení, aínda que non tan-
tos coma a propia G. Pero este xa é outro cantar.

Proseguindo a súa narración, o Belga dixo:

O xigantesco coche americano do pai de G., guiado polo
Estudiante Yemení, foi baixando despacio por algúns arra-
baldos negros, e logo colleu por Salina Street.

Unha nova interrupción: ó Belga deberon de parecerlle
chocantes os nomes das rúas daquela cidade, porque lle gus-
taba repetilos co menor pretexto, e demostraba moi boa me-
moria para eles. Realmente, estaban excluídos da súa xenrei-
ra polos nomes propios.

Así e todo, nunca mencionou o nome da cidade mesma.
Non é difícil averiguar cal era, e coido que eu o averigüei;
pero non cho vou revelar, porque seguramente ó Belga non
lle gustaría. Ademais, é un detalle verdadeiramente carente
de importancia.

Todo arredor nosa, continuou o Belga, a cidade estaba
cuberta por unha capa vella, grosa e sucia de neve xeada.

O Estudiante Yemení guiaba con medo, todo ríxido no
seu asento; diríase que a súa responsabilidade como chau-
ffeur[11] lle ocasionaba unha muda ansiedade. Estaba claro que
aínda lle faltaba moito para ser conductor veterano, polo me-
nos por aquelas rúas nevadas.

No cine, G. sentouse, como era de esperar, entre o Es-
tudiante Yemení e mais eu.

Cando chegamos, xa empezara a película. Pero, para a
atención que eu puiden emprestarlle, tanto tiña que a collese
polo principio, polo medio ou polo final. Eu fun testemuña
dalgunhas das voltas da parella franco-xaponesa, mais logo
atopeime, sen saber de quen partiran os primeiros pasos, nin

---

[11] *Chauffeur:* chófer.

tan sequera se houbera realmente primeiros pasos, con G. pegada a min. E así ficamos todo o resto da película.

E, mentres tanto, o Estudiante Yemení ¿que facía?, preguntei eu.

O estar tan ocupado con G. non me impedía pensar na situación do Estudiante Yemení. Non sería senón moi natural que se sentise desairado e ata ofendido polas nosas demostracións, tan crúas e indisimulables. Despois de todo, se estaba sentado xunto a nós, era a petición da propia G., e non sen antes ter tomado o molesto traballo (pois para el fora, sen dúbida, un traballo dificultoso, e a volta ía resultarlle aínda peor) de baixarnos ata o cine no coche do pai de G.

Así e todo, non parecía para nada interesado polo que estaba acontecendo á súa esquerda. Permaneceu todo o tempo cos ollos pendentes da historia da pantalla.

Tal foi, máis ou menos, a resposta que me deu o Belga, aínda que, en vista da proximidade de G. e da escuridade do cine, para non falar das súas propias gafas de sol, non parece que estivese el en condicións moi boas para observa-los ollos do Estudiante Yemení.

En todo caso, seguiu o Belga, rematada a película, os tres saímos do cine coma se nada. G. e mailo Estudiante Yemení, pero especialmente G., falaban da película coma se non perdesen detalle.

Falaban entusiasmados; aínda que a min, polo pouco que puiden ver, parecérame unha historia de amor ben monótona. Certo que estaba mesturada con lembranzas da segunda guerra mundial, aínda recente na película; había moitas escenas da destrucción atómica de Hiroshima, e isto xa era moi distinto.

G. exclamaba: ¡Gustoume moitísimo!; as películas francesas son extraordinarias. E que ben aparentaba un inocente entusiasmo. En canto ó Estudiante Yemení non facía máis que repetir: ¡Maravillosa! ¡Maravillosa!

Eu pregunteille ó Belga:

¿E que me dis dos teus propios comentarios?

Fixen os menos posibles, contestoume.

O regreso do cine foiche complicado, proseguiu. Resulta que as rodas traseiras do coche quedaran prisioneiras da neve xeada. Un atranco do máis noxento. As rodas xiraban, mais non avanzaban; xiraban velozmente sen saca-lo coche de onde estaba. Era evidente que desde dentro do coche nada se podía facer. Por moi insistentemente que o Estudiante Yemení premese o acelerador, o coche non arrincaba.

Así que tivemos que saír do coche. Tratamos de rempuxalo desde atrás. Era un esforzo duro, por causa do frío intensísimo da noite (porque xa era noite), e tamén porque os pés esvaraban coma nada naquela neve xeada. Todo inútil; non demos movido o coche. Voltamos a entrar.

E teriamos que seguir con todos aqueles esforzos vanos se non fose por un groso cabaleiro, que debía de vivir por alí. Sen dúbida, xa non quixo aturar máis o ruído interminable e penetrante do motor acelerado e achegouse a nós disposto a axudarnos. Despois de facer un comentario, foi por area. Non sei onde puido conseguila, pero eu quedei maravillado polo axiña que volveu cun balde de area pendurándolle dunha man. Teríaa na casa, digo eu. Ciscouna por xunto as rodas.

Foi un remedio instantáneo. A area proporcionoulle ás rodas a base que precisaban e, pouco despois de acende-lo motor, xa o Estudiante Yemení sacara o coche da súa trampa.

Eu ía agora no asento de atrás, con G. á miña beira e o Estudiante Yemení só dediante. Cando foramos ó cine, ía eu só detrás; máis natural, supoño. Ollei para o Estudiante Yemení. Pareceume que tiña a fronte bañada en suor, a pesar do frío da noite ó que acababa de estar exposto. Pensei que sería resultado da tensión nerviosa pasada.

Dixo que nunca tal lle ocorrera conducindo un coche. E G., rindo excitadamente, preguntoulle: Oh, really?[12]

---

[12] *"Oh, really?"*: *"¿De verdade?"*.

2

O Estudiante Yemení deixounos perante a casa de apartamentos na que vivían el e mais G.

Baixamos do coche G. e eu, pero non así o Estudiante Yemení, que aínda non rematara a súa tarefa. Aínda tiña que leva-lo coche non sei onde, de modo que arrincou de novo e seguiu a conducir a través da neve, pero agora indo el só dentro.

G. e mais eu subimos ó apartamento. Era a miña primeira visita ó apartamento de G.

Era un cuarto grande cun leito, un sofá, algunhas sillas, unha pequena cociña e un lavabo. Nun ángulo do cuarto, estaban o WC e unha ducha, illados do resto da habitación por dous tabiques de madeira.

Un pequeno gato gris, o permanente compañeiro de apartamento de G, paseaba preguiceiro polo chan.

Falamos dos numerosos apartamentos daquela casa e dos seus inquilinos.

G. díxome que tódolos apartamentos eran máis ou menos coma aquel, non moi confortables, recoñecíao; así e todo, a ela gustáballe aquel xeito de vivir. Varias veces lamentárase xa de que non houbese ningún apartamento libre para min, e volveu facelo agora. ¿Sabes?, dicíame, quérolle a esta casa porque me deu a oportunidade de coñecer a unha chea de estranxeiros, algúns deles moi, moi interesantes. A maioría deles, díxome tamén, estaban estudiando na universidade local.

Eu pregunteille se viñera a vivir alí xusto para coñecer a todos aqueles estranxeiros tan interesantes.

Contestoume que aquela non era a razón principal. Necesitaba independizarme, ¿comprendes?, díxome.

Desde logo, os pais querían que volvese para casa. Ela pensaba que quizais algún día acabaría volvendo, mais non polo momento. E repetía que, de momento, necesitaba vivir independente, lonxe da familia.

Todo isto comunicábamo cunha voz feble, remota, insegura, que era a voz que ela adoptaba nas súas fases confidenciais.

Eu pregunteille ó Belga por que quería G. un apartamento independente polo momento.

Non sei. Era normal, despois de todo, ¿non era?, contestoume.

Si, pero o que me choca é iso de polo momento.

O Belga encolleu os ombros.

G. preparou café, continuou contando. Tomámolo sentados no sofá.

Un silencio fondo prevalecía en toda a casa, a pesar de tanto apartamento e de tanto estranxeiro interesante.

O apartamento estaba quente, quizais demasiado; as calefaccións funcionaban alí tan potentes, que dentro das casas había que poñerse en mangas de camisa para resistilas.

Fóra, polo contrario, as rúas da cidade estaban todas desertas baixo o frío implacable da noite nevada. A temperatura sería duns cinco graos Fahrenheit –uns quince graos centígrados baixo cero.

O Belga seguiu contando daquel longo inverno:

A cidade quedaría cuberta por unha espesa capa de neve por tres meses ou máis. A neve éche traicioneira. Un novato camiña cinco, seis, vinte veces por ela e pensa que aquilo non ten ningunha dificultade e que non se comprende tanto medo da xente a caer, nin a cantidade de coxos que se ven como consecuencia das caídas. Ata que un día encóntrase o novato de súpeto caído no chan: non sabe como foi, non tivo tempo de darse conta; o único que sabe é que, de repente, atopouse ridiculamente sentado coa xélida neve debaixo do cu. Desde ese día toda a súa confianza, todo o seu triunfalismo de peatón seguro quedarán tocados para sempre.

Eu non estaba nada ben preparado para o clima aquel. Non tiña botas axeitadas, nin orelleiras. Para protexerme do frío só contaba cun vello abrigo que trouxera de Europa. Pero aquí non temos Gulf Stream[13].

Eu supoño que o Belga tamén trouxera de Europa aquela branca gabardina que levaba, aínda que non me falou dela.

Tornando a G., o Belga contou:

Pregunteille se o apartamento do Estudiante Yemení estaba preto. Oh, si, dixo G. vivamente e, apuntando cun dedo, engadiu: Vive xusto no piso de embaixo.

Había algúns discos ciscados polo chan, ó pé do sofá. Eu collín un e vin que contiña ópera italiana. G. explicoume que llo emprestara un amigo italiano. Pensaba que a música italiana era preciosa, mais lamentaba non saber italiano

¿Estudiaba G. tamén na universidade local?, inquirín eu.

Non.

¿Traballaba?

Algún traballo tiña. As mañás pasábaas nunha oficina de downtown, e dos pais non recibía diñeiro ningún, informoume o Belga.

Información escasa, certamente. Pero consólome de non poder ofrecerlle máis detalles concernentes ó xeito en que G. gañaba a vida, por humilde que fose, pensando en que os medios de subsistencia do propio Belga seguen sendo para min un completo misterio.

Continúa, pedinlle ó Belga.

Despois de bebe-los nosos cafés e de fumar algúns cigarros –G. acendía cada novo cigarro coa cabicha do anterior–, sentados no sofá, un á beira do outro, atopámonos de golpe coma sen perspectiva, coma nun calexón sen saída, e comprendemos de inmediato que a única solución era reanuda-la clase de intimidade que estableceramos no cine. E tal foi o que fixemos. As vías estaban tracexadas, pois nestes casos un automatismo impersoal marca os pasos a seguir e non tes máis que deixarte levar por el. Encontreime como de repente cu-

---

[13] *Gulf Stream:* A Corrente do Golfo, que tempera o clima europeo.

nha man interiorizada baixo a blusa dela¡ (a vestimenta visible de G. consitía nunha chaqueta de lá vermella e blue jeans[14]), e cun suave camiño consentido, sen máis obstáculos que xustamente os buscados; e cada paso conducíndome ó seguinte... Mais nun intre preciso G. reaccionou sobresaltada e pregoume non ir máis lonxe. No, please, not tonight[15], díxome con ton e ollos angustiados, mais tercos.

Decateime de que xa non tiña máis nada que facer aquela noite no apartamento de G., pero, antes de abandonalo, quedamos en que voltaría por aló ó día seguinte pola tarde.

Antes de proseguir co relato do Belga, quero inserir esta observación: quizais Vde. xulgue as súas anteriores palabras descriptivas un tanto rebuscadas e, sobre todo, quizais lle evoquen fragmentos de vellas novelas eróticas pasadas de moda. Pero no son obra miña. Foron obra do propio Belga, o mesmo cás que aínda poidan vir, e non creo que a miña memoria fucione con demasiada infidelidade ó tratar de reproducilas. E iso que, segundo o que me dixera, o Belga non era lector de novelas.

3

O Belga seguiu contando:

Eu estaba alí só pola invitación de G. Polo tanto, non estaba atado a ningún traballo, o que quere dicir que me quedaba moito tempo de lecer e que puiden pasear con toda a calma pola cidade. Recomendáranme non andar polos arrabaldos negros, especialmente de noite, e non me pesa en absoluto ter desoído tal consello.

Unha tarde coñecín ó Amigo Alemán, nun bar de mala nota chamado The Blue Angel[16], no que entrara eu en visita casual.

---

[14] *Blue-jeans:* pantalóns vaqueiros.
[15] *"No, please..."*: "Non, fai o favor, esta noite non".
[16] *The Blue Angel:* O Anxo Azul.

Era un rapaz alto, fraco, de cabelo louro, con ollos azuis e fríos e un xesto de desdén no seu rostro pálido, de labios finos.

En realidade, el era norteamericano de nacemento. Pero tódolos seus devanceiros foran alemáns e o alemán era a súa fala familiar.

Tiña a teima de recitar frases en alemán, moi longas e altisonantes, aínda que poucos dos seus amigos eran capaces de entendelas –algúns si. Eu mesmo algo entendíalle.

Bebemos xuntos varias botellas de cervexa. Lémbrome que, xa case ó principio da nosa conversa, confesoume que era ateo e engadiu que estaba disposto a demostrarme, coma se fose un teorema, que Deus non podía existir. Eu contesteille que non estaba para teoremas.

Outra das confesións que me fixo é que non lle gustaban as que el chamaba rapazas normais. Supoño que aludía ás, ¿como diría?, ás rapazas burguesas. Atopábaas demasiado aburridas e mesquiñas.

Polo que toca ás súas frases en alemán, aquela tarde déralle por declamar unha e outra vez estes versos que aprendera dun profesor europeo, compañeiro seu de numerosas cogorzas había dous anos, segundo me contou:

Alles scheinet vertraut, der vorübereilende Gruss auch Scheint von Freunden, es scheint jegliche Miene verwandt[17].

Despois de recitar estes versos, rompía en sonoras gargalladas.

Pero ¿por qué?, pregunteille ó Belga.

Ría por todo.

¿Pensas que atopaba eses versos moi graciosos?

Non sei, quizais non os mesmos versos. Quizais os versos lle gustaban, despois de todo, e quería disimulalo con aquela

---

[17] "Todo semella familiar, o saúdo ocasional tamén / parece dun amigo, tódolos rostros parecen familiares". Versos do poeta alemán Friedrich Hölderlin (1770-1843), pertencentes ó poema "Heimkunft. An die Verwandten" ("Regreso ó meu País, á miña xente).

risa. Ou quizais non ría dos versos, senón del mesmo recitándoos. Non sei. Pero xa che digo que el ría por todo.

Outro asunto, seguiu o Belga. Eu adoito preguntarlles a tódolos norteamericanos que coñezo polas nacionalidades dos seus devanceiros. A miúdo a mestura de sangue que hai neles é suxestiva.

Por exemplo, unha rapaza que coñecín onte proviña de familias holandesas, finlandesas, irlandesas e búlgaras.

¿E G.?, preguntei eu.

Non, G. era un caso menos variado. Era de ascendencia inglesa e alemana.

¿Tiña irmáns?

Non. O pai era enxeñeiro, coido que con cartos. E pouco máis sei da súa familia.

Sigue co Amigo Alemán, dixen.

Ben, pois desde este punto de vista xenealóxico o caso do Amigo Alemán –igual có do Amigo Inglés, do que xa che falarei– era enteiramente distinto. Efectivamente, polas súas veas soamente corría sangue alemán. Non era, pois, neste sentido, tipicamente americano, e o nome de Amigo Alemán acáelle perfectamente. Pero se non era interesante, nin tipicamente norteamericano no sentido de ter ascendencia europea multinacional, érao, en troques, xustamente como alemán ou, mellor dito, como alemán criado no mundo norteamericano e con seguridade non afeito de todo ó seu medio. Isto non significa que en Alemania, ou en calquera outro país, europeo ou non europeo, puidese ser feliz.

Unha vez acompañeino para coñecer algúns dos bares e outros locais onde soía malgasta-las súas noites. Estiveramos bebendo toda a tarde e, naturalmente, continuamos a beber durante as nosas visitas nocturnas, así que a miña cabeza non estaba abondo clara para poder dar agora conta detallada do que vimos e do que fixemos.

Pero lémbrome ben de ter visto a tipos nada comúns. E lémbrome das gargalladas do Amigo Alemán cando, a prudente distancia, ollabamos para algúns daqueles individuos.

Por exemplo, cando ollabamos para un xove travesti que adoptaba unha pose de coquetería e autosatisfacción máis cómica e provocadora do que eu nunca puidera imaxinar. Eu teimaba en que tiña que ser unha muller, porque o alcohol, ás veces, tórname testalán coma unha mula, ademais de que non tiña experiencia de travestis, mentres que o Amigo Alemán trataba de me convencer de que non, de que era un home. Sen dúbida, tiña el razón, pois xa se atopara co travesti aquel moitas outras noites, e mesmo quizais eran amigos; polo menos, en certo momento, saudáronse os dous, facéndose mutuamente unha irónica e cerimoniosa inclinación.

De ordinario, o Amigo Alemán partía para aqueles tours nocturnos, para aqueles raids[18], como el lles chamaba, na compaña dun fato de camaradas nada tardos para, unha vez consumida a suficiente dose de alcohol, armar barulleiras e violentas liortas.

Outro dos hobbies[19]do Amigo Alemán eran os wild parties[20], isto é, parties coroados por toda clase de brutalidade e destrucción; esnaquizar vasos, botellas, homes, ventás, gratuitamente, sen motivo ningún, isto era a apoteose do party.

Eu soamente tiven ocasión de coñecer a un dos íntimos do Amigo Alemán. Pero aquel rapaz non era dos asiduos a parties salvaxes nin a raids nocturnos.

Aquel rapaz só era violento nos seus pensamentos e expresións.

Compartía co Amigo Alemán a circunstancia de non descender de matrimonios multinacionais. Tódolos seus devanceiros foran ingleses. Agora, el afirmaba que xustamente esta circunstancia era o que lle daba dereito a presumir de ser un dos poucos cidadáns norteamericanos auténticos.

Como o Amigo Alemán, el estaba descontento coa sociedade norteamericana; mais por razóns moi diferentes. Por-

---

[18] *Raids:* incursións, correrías.
[19] *Hobbies:* pasatempos.
[20] *Wild parties:* festas ou reunións salvaxes.

que a fonte principal do seu desacougo era que, segundo el, os Estados Unidos estaban dexenerando e volvéndose cada vez menos enxebres. Ó Amigo Alemán, polo contrario, este problema importáballe ben pouco.

O Amigo Inglés era tamén alto e louro. Pero, a diferencia do Amigo Alemán, gastaba lentes, cunha montura metálica que lle daba aire intelectual. Un aire un tanto cómico porque, ó mesmo tempo, tiña unha cara infantil. Realmente era moi novo; pero co seu pelo tan curto, case en punta, parecía máis novo aínda.

4

A derradeira vez que nos vimos, o Amigo Alemán regaloume unha gramática alemana para estudiantes ingleses, seguiu contándome o Belga. Non era un regalo de despedida: ningún dos dous sospeitabamos que aquel había se-lo noso derradeiro encontro. Tampouco nos preocupaba esta continxencia.

Non o volvín ver, nin volvín saber máis nada del; pero en realidade non preciso novas noticias para decatarme de que os dous únicos camiños que lle quedan abertos son, ou un mental hospital, ou o suicidio.

O Belga pronunciou este escuro presaxio con certo ton de profeta tráxico. Foi a única vez que lle oín este ton.

Segundo o Amigo Inglés, sen ser propiamente un Beatnik, o Amigo Alemán tiña, así e todo, certa semellanza cos Beatniks, continuou o Belga.

Eu pedinlle ó Belga que me explicase con algunha claridade que eran os Beatniks, porque eu aínda non me enteirara ben.

Esta mesma pregunta, contestoume o Belga, téñolla feito eu máis dunha vez ó Amigo Inglés, e nunca logrei del respostas transparentes.

O Amigo Inglés insistía en que era moi difícil definir ós

Beatniks; mesmo as descricións que ofrecen eles deles mesmos son máis ben escuras, decíame.

Para colmo, hai Beatniks e Hipsters[21], detalloume o Belga; pero se non tes moita idea do que son os Beatniks, malamente poderás determina-las diferencias entre eles e os Hipsters; menos aínda, se tampouco sabes ben o que son os Hipsters.

Era indubidable, de calquera maneira, que todos aqueles movementos xurdiran de novas xeracións rebeldes, ávidas de esmagar tódolos prexuízos e normas tradicionais, de conculcar febrilmente tódalas represións, limitacións e inhibicións aínda imperantes.

Pero o Amigo Alemán, díxome o Belga, non se consideraba nin Beatnik nin Hipster. Todo o contrario, falaba daquelas xentes con total indiferencia, convencido de que non había que tomalas en serio.

Quizais aquela actitude desdenosa dependía en parte dun certo sentimento europeo de superioridade frente a modas puramente norteamericanas, cavilou o Belga.

5

Volvendo de novo a G., o Belga contou:

Ó día seguinte fun pola tarde ó seu apartamento e atopeina de conversa co Periodista Turco.

Ela estaba sentada no sofá, e o Periodista Turco nunha silla, diante dela.

De seguida vin que realmente o único que alí falaba sen pausa era o Periodista Turco. G. escoitábao cun sorriso moi xentil. Amañábase perfectamente para aparentar unha atención moi agradable ó monólogo que o Periodista Turco vertía sobre ela.

---

[21] *Beatniks* e *Hipsters:* Nomes de movementos xuvenís inconformistas, desprezativos da moral convencional, xurdidos nos EE.UU. despois da segunda guerra mundial.

Decateime tamén de que o Periodista Turco non espera-
ba en absoluto a miña chegada, especialmente importuna
para el; de xeito que tivo que facer un esforzo potente para
reprimir un xesto de noxo, que quizais fose o único saúdo es-
pontaneo que lle inspirara eu.

O Periodista Turco tiña cabelo e ollos intensamente ne-
gros, e lucía ese bigotiño ridículo, delgado, perfectamente re-
cortado, ó que son tan afeccionados os meridionais.

Eu sentei noutra silla, e el seguiu a falar nun inglés moi
rudimentario.

O tema do seu monólogo era o seu país, Turquía. Subli-
ñaba o feito de que na cultura turca conflúen influencias islá-
micas e europeas. Tamén fixo moitas louvanzas das vistas e
monumentos de Estambul.

Eu logo comprendín que o que verdadeiramente lle inte-
resaba non era a promoción turística da súa patria, senón fas-
cinar a G., cautivala co seu arte de falar. En suma, quería se-
ducila.

Que esta era a súa derradeira meta quedou aínda máis
claro cando colleu ó pequeno gato de G. e se puxo a acariñalo
con movementos longos, medidos, moi estudiados, mentres
ollaba para G. Era coma se lle quixese dicir: Atende o meu
xeito de trata-lo gato; aínda máis habilmente heite tratar a ti
tan logo como ti esteas disposta.

Pero eu obrigárao a altera-los seus plans. Eu era un ri-
val, un atranco co que non contara el. Polo de pronto, tiña
que modera-la velocidade da súa conquista. Comprendeu
que, de momento, o mellor que podía facer era armarse de
paciencia e deixarme o campo libre cunha retirada elegante e
sorridente. Só polo momento. E tal foi o que fixo.

Despois de que desaparecera trala porta, G. comunicou-
me que era periodista turco.

Pero ¿non cho presentara antes?, pregunteille eu ó Bel-
ga.

Efectivamente, non houbera presentación ningunha no

apartamento mentres o Periodista Turco estaba alí, por raro
que pareza.

O Estudiante Yemení, seguiu o Belga, pasara toda a
mañá, segundo me contou G., dicíndolle a ela que un perio-
dista turco recén chegado a Norteamérica tiña moito interese
en botar unha parrafada con ela, e non parara ata levarllo
aquela mesma tarde ó seu apartamento. ¡Non sei por que!
¡Realmente non sei por que tiña tanto interese en falar comi-
go!, exclamaba G. chea de risa. Eu díxenlle que seguramente
a miña chegada o tería contrariado profundamente, ó Perio-
dista Turco. Ouh, non creo, replicou G. E seguidamente ex-
plicoume que o Periodista Turco estivera falando do seu país
tanto tempo que, ó final, os dous estaban xa algo fatigados –el
de falar, ela de escoitar.

¿Por que tiña tanto afán en darche información sobre
Turquía?, pregunteille. Ben, realmente non o sei, contestou-
me ela. E despois, eludindo astutamente cuestións persoais,
comentou: Penso que debe de ser un país moi bonito, pero
queda tan lonxe...

O gato estaba agora roncando ós pés de G. Eu mirei para
el durante algúns segundos e logo pregunteille a G. se lle gus-
taba o xeito que tiña o Periodista Turco de acariñalo. Entón
foi ela quen colleu ó pequeno animal e apretouno no seu colo,
ó tempo que lle dirixía unha chuvia de mimosas expresións.
¡Ti e-lo meu tesouro! etc., etc.

Aquela tarde chegamos a onde podes imaxinar. Aínda
que o noso vehículo non podía ser máis estático –o sofá. A
sobria vestimenta de G. foi quedando en desorde polo chan,
ata que ela apareceu tal como era, unha tersa brancura lene-
mente matizada en brazos e pernas por difusas liñas azuladas
dalgunhas veas asomando timidamente á superficie. Logo, foi
ela unha respiración alterada e unha xenerosa simpatía física,
que non lle impediu precaverse contra posibles complicacións
cunha pregunta rápida, mais serenamente feita; e finalmente
unha convulsa inquedanza, como en apremiante fuxida ou
procura de algo inmediato...

O Belga interrompeu inesperadamente a súa gratuíta e pintoresca reincidencia nos modos da vella novela erótica para facerme esta pregunta:

¿Que che parecería a ti se, despois de que todo pasou, cando a calma reina de novo, recibes como en secreto esta especie de dictame: You know how to please women[22]?

Linsonxeiras palabras, ¿non pensas?, repliquei bromeando.

A min tráenme ó Amigo Alemán á miña memoria.

¿Por que ó Amigo Alemán?

Ben, en realidade cando esas palabras foron pronunciadas eu aínda non o coñecera. Pero estou seguro de que lle provocarían unha das súas máis xigantescas explosións de risa.

Centrándose novamente en G., o Belga continuou:

Eu pregunteille por que me dicía iso. Entón ela confesoume cun sorriso inxenuo, un tanto estereotipado, que fora a primeira vez que acadara non sei se dixo un clímax ou algo semellante...

Entón tódalas súas experiencias..., empecei eu.

Considerábaas totalmente insatisfactorias, atalloume o Belga.

Contoume que estivera namorada soamente unha vez na súa vida, xustamente do primeiro rapaz co que tivera relacións. Pero o rapaz aquel era incapaz de amala, e non só a ela, senón a ningunha outra muller. Ou sexa, non lle interesaban realmente as mulleres, aínda que el consideraba que si, dicíame G.

Coma sempre, G. entregábame aquelas confidencias cunha voz feble e lenta, mais así e todo sen denota-la menor conturbación. A fin de contas, facíaas pola súa propia iniciativa.

Comenteille eu que verdadeiramente fora un caso de mala sorte, terse namorado dun rapaz non interesado en mulleres. ¿Ou sería que aquela clase de rapaces exercían sobre

---

[22] *"You know.."*: "Sabes compracer ás mulleres".

ela algunha atracción inconsciente?, suxerinlle. Quizais teñas
razón, admitiu ela. E seguramente para demostrarme que
aquela idea non ía tan descamiñada, díxome a continuación
que estaba inclinada a pensar que ela mesma tería aceptado
relacións con mulleres, non de modo exclusivo, senón en al-
ternancia con relacións masculinas, pero todo isto no caso de
ter atopado tempo atrás algunha compañeira axeitada, condi-
ción que non se cumprira. Ou sexa, considéraste bisexual, dí-
xenlle. Entón ela repetiume toda esa historia da posible rela-
ción cunha compañeira axeitada que non atopara ó seu debi-
do tempo, etc.

De algo hai que falar, ¿non comprendes?, aínda que ó
aire de gravidade con que ela abordaba todo aquel monótono
asunto do seu primeiro namoramento e das súas posibles ten-
dencias en favor de compañeiros ou de compañeiras, corres-
pondía eu aparentando unha atención seria e preocupada
que, en realidade, enmascaraba unha total indiferencia pola
miña parte, mesturada con certos desexos importunos de bo-
tarme a rir de todo aquilo.

O que tamén lle preguntei a G. é se aquel rapaz, o seu
primeiro amor, era norteamericano. Oh, yes[23], afirmou ela
rotunda.

6

O certo é que G. tiña moitos amigos norteamericanos
continuou o Belga. A súa preferencia por amistades estran-
xeiras podía non ser máis que un capricho transitorio.

Eu tiven ocasión de comproba-lo popular que era entre
os seus camaradas norteamericanos de xeración.

Foi unha tarde na que saín con ela a un salón de baile
para teen-agers[24], situado cara ás aforas da cidade. Era un

---

[23] *"Oh, yes":* "Si, claro".
[24] *Teen-agers:* rapaces entre 13 e 19 anos.

salón largacío, para bailes-masa. Alí sentámonos perante unha mesa e tomamos uns refrescos: só despachaban soft drinks[25].

O caso é que a acollida que lle dispensaron a G. os seus antigos compañeiros, entón tan esquecidos ou mesmo menos-prezados por ela, non puido ser máis efusiva; son testemuña. Bailaba con eles, reloucante de gozo, incontables rock and rolls. A súa cara irradiaba felicidade; parecía un fillo pródigo recén retornado ó seu fogar.

A idea de lle facer unha visita a aquel baile propuxérama a propia G. Vera-la causa. En canto cheguei ó seu aparta-mento decateime de que ela estaba tremendamente deprimi-da aquela tarde. E non se trataba dunha aprensión miña. Efectivamente: aquel mesmo día, pola mañá, o seu gato apa-recera morto debaixo do sofá. G. non tardou nada en comu-nicarmo.

Para distrae-lo seu pensamento deste triste feito (para ela, insisto, era moi triste), conversaba, conversaba sen pau-sa, e de calquera clase de asuntos menos de gatos. E no curso dunha daquelas conversas referímonos ó rock and roll e a ha-belencia da propia G. para bailalo. E finalmente G., presa de súbita nostalxia dun pasado aínda recente, propúxome a visi-ta a aquel salón de baile.

Un novo inciso: Debo dicir que os rock and rolls aínda estaban soando continuamente no aire da América anglosa-xona, como os cha-cha-chas no aire da América latina.

Eu pregunteille ó Belga se lle interesaban os rocks.

Prefiro os rocks ós cha-cha-chas, díxome.

De tódolos xeitos, estou moi lonxe de ser un fan[26] do rock. Pero podo comprender algo da fascinación exercida por esta música, ó mesmo tempo frenética e melancólica, e tamén con certa hipnótica monotonía, coma unha psalmodia oriental.

---

[25] *Soft drinks:* bebidas non alcohólicas.
[26] *Fan:* entusiasta.

Cando un olla para a mocidade angloamericana bailando rocks, un pensa en introvertidos nun arrouto de furia desesperada. En cambio, os latinoamericanos semellan bailadores natos dos seus ritmos ondeantes.

De calquera maneira, miles e miles de teen-agers norteamericanos día e noite arredor dos omnipresentes juke-boxes[27] son boa proba do poder desta moda do rock, observou o Belga.

Pero había disidentes, claro está. Algúns vían o rock con ollos críticos.

G., por exemplo, seguiu contando o Belga, tornáralle as costas porque tiña un sabor demasiado norteamericano para o seu presente gusto estranxeirizante.

O Amigo Inglés era moito máis radical.

Refugaba violentamente o rock por razóns opostas ás de G. Para el constituía un ataque contra a xenuína tradición musical norteamericana, contra os enxebres folk-songs[28]. Era unha manifestación máis das innúmeras influencias alleas (negras neste caso, afirmaba) que ameazaban o carácter nacional dos Estados Unidos.

Tales influencias eran, segundo el, resultado de tódalas masas de inmigrantes ás que nunca se debera terlles permitido ingresar no país: xudeos, italianos, gregos, latinoamericanos e, desde logo, negros. E o futuro, cun católico como presidente dos Estados Unidos, parecíalle máis escuro que nunca.

El negaba ser racista, pois, segundo el dicía, só propugnaba o dereito de toda nación a manter intacta a súa propia personalidade e de protexela contra interferencias estranxeiras. Pero, por outra parte, sostiña cruamente, por exemplo, que os negros debían ser devoltos a África.

Laiábase moito tamén o Amigo Inglés da grande cantidade de xudeos aveciñados en New York City. Aínda que, en

---

[27] *Juke-boxes:* máquinas tocadiscos.
[28] *Folk-songs:* cancións populares tradicionais.

realidade, o seu antisemitismo era máis ben teórico, opinou o Belga.

O Belga considerábao máis ben teórico porque, de feito, o Amigo Inglés mantiña relacións amistosas con compañeiros xudeos que estudiaban coma el –e esta era outra diferencia entre el e o Amigo Alemán– na universidade local.

Ademais, seguiu o Belga, sentía un odio ardente contra Hitler e estaba orgulloso da victoria norteamericana –el sempre dicía americana, coma se os demais exércitos aliados non contasen en absoluto– na pasada guerra mundial.

En todo caso, o Amigo Inglés afirmaba que verdadeiramente norteamericanos érano só as persoas nadas nos Estados Unidos de devanceiros británicos ou dos países protestantes do norte de Europa.

Con tales presupostos, non era de estrañar que New York City fose para el o exemplo nefando da dexeneración dos Estados Unidos. E por esta razón estaba contento de non ter ido nunca a New York City, e non tiña mentes de vir nunca aquí no futuro.

Curioso, ¿non é verdade?, estar tan cerca, relativamente, da meirande metrópole do mundo e non ter ido a ela nin para unha visita dun día, comentou o Belga.

Seguramente o Belga tiña en máis estima ó Amigo Inglés desde que este lle manifestara aquela extravagante e firme postura de boicot-protesta contra New York City.

Aínda me falou o Belga doutros desacordos, á parte do de ter amigos xudeos, entre as ideas do Amigo Inglés e a súa conducta.

Por exemplo, díxome o Belga, a súa xenofobia non lle impedía ser moi afeccionado a estudiar idiomas estranxeiros.

Tampouco penses que o seu nacionalismo extremado era a única causa do seu desacougo.

A outra causa eran as rapazas. Como o Amigo Alemán criticaba duramente ás rapazas norteamericanas, mais por motivos ben distintos.

Criticábaas con moita acedume, especialmente á irmá

dun amigo seu ó que soía referirse como o meu amigo o ruso Nick, porque non querían face-lo amor con el. Unha vez, estando nun bar co Amigo Alemán e mais comigo, confesounos, inmediatamente despois de tomar un grolo de cervexa, que aínda era virxe. As risadas do Amigo Alemán chegaron ó cénit.

Pasando outra vez á súa decisión de non pisar nunca New York City, o Belga observou que realmente o Amigo Inglés non necesitaba ausentarse da súa cidade natal para estar en contacto directo con tódolos factores que, segundo el, estaban levando ós Estados Unidos cara á ruína.

Longas rúas de negros, abundancia de comunidades gregas e xudeas e, por obra da universidade, exóticos tipos de Asia e de África. E tamén grande presencia de estudiantes latinoamericanos, obsesionados todos eles pola revolución cubana e, ultimamente, onde queira que un os atopase, pola recente e fracasada invasión anticastrista de Bahía Cochinos.

Se queres oír acusacións acaloradas contra os Estados Unidos, non tes máis que achegarte a un destes estudiantes, díxome o Belga. Unha e outra vez repiten a berros que os Estados Unidos son os culpables do subdesenrolo de todo o mundo latinoamericano.

Por contra, os estudiantes norteamericanos teñen preocupacións máis elevadas.

Efectivamente, un deles confesoume que o seu principal motivo de inquedanza estaba no espacio exterior.

Só cando un satélite artificial era guindado con éxito desde Cabo Cañaveral[29], é dicir, só cando tiña lugar un feliz episodio –feliz para el e mais para todo o público norteamericano– da carreira espacial en curso entre os EE.UU. e a U.R.S.S., era el capaz de aplaudir e de pegar brincos de ledicia, rematou o Belga.

---

[29] Cabo Cañaveral: hoxe Cabo Kennedy.

7

O Belga seguiu coa historia de G.:

Unha tarde, ó entrar no apartamento, encontreime con que, sen querelo, era un intruso. Interrompín unha escena familiar o bastante seria como para deixar desconcertado a calquera dos visitantes habituais de G.

Eu petara na porta como de costume e, como de costume, sentira a voz de G. invitándome ledamente a entrar: Come in[30]!

Pero, así que abrín a porta, os meus ollos bateron cunha señora de mediana idade, alta, moito máis que G., francamente elegante.

Estaba sentada nunha das sillas, de cara a G. Notei que unha mirada de desalento asombrou os seus ollos azuis ó se decatar da miña chegada.

G. presentouma. Esta é a miña nai, díxome tranquilamente. E despois, un tanto fría, díxolle á señora: Este é un amigo meu.

Tanto a nai coma a filla parecían cansas e amorriñadas.

Supuxen que estiveran todo o tempo discutindo problemas persoais e que non chegaran a nigún acordo. E pareceume como se xa tivesen renunciado a todo novo esforzo para reconciliárense.

Seguramente a nai tomara a resolución de presentarse no apartamento da filla, é dicir, no mesmo centro da licenciosa vida da filla (porque supoño que para a nai era, en efecto, unha vida licenciosa), coa esperanza de incitala a unha vida máis normal, como diría o Amigo Alemán; pero a miña imprevista visita fora como un tiro de gracia, pensei, coma un golpe mortal para aquela esperanza.

De maneira que, involuntariamente, eu resultara ser unha nova fonte de abatemento para a nai de G. Como recordarás, eu fora tamén unha desagradable sorpresa para o Pe-

---

[30]*"Come in!"*: "¡Adiante!"

riodista Turco. Pero, á parte disto, pouca semellanza había entre os dous casos. Este non era frívolo.

Porque, repito, agora eu era como unha confirmación de que a conducta de G. era tan mala como a nai temía. Ademais eu puxéralle quizais o punto final á súa visita; un final desastroso e se cadra mesmo prematuro.

Pero a min admiroume a dignidade e resignación da nai de G., a maneira como refrenou o seu desconsolo e mantivo a súa compostura. Non se lle escapou nin unha triste palabra de queixa ou de reproche. Dixo namais: Teño que irme. E desapareceu cun sorriso melancólico e cortés trala porta do apartamento.

Aínda que máis dramática, a súa marcha podía compararse, en certo xeito, á do Periodista Turco.

Todo se pode comparar con todo, comenteille eu ó Belga.

Quizais. Ben, G. nada me dixo como explicación da visita da nai. A súa falta de cautela era imperdoable, sendo eu, ata certo punto, víctima dela tamén; pero nin se lle ocorreu pedirme desculpas. Despois de todo, houbéralle sido ben doado evita-la miña importuna chegada.

¿Tiñas conciencia culpable?, pregunteille ó Belga.

Non, eu non a tiña; pero quizais G. debería tela, contestoume.

Quizais debería tela, mais o caso é que non a tiña tampouco en absoluto.

Efectivamente, tan logo como a nai se ausentou do apartamento, recuperou G. o seu humor habitual.

Empezou a amosarme con cara radiante discos de música brasileira que axenciara aquel mesmo día pola mañá, seguiu contándome o Belga. Despois interesouse polo que estivera eu facendo aquel día. Eu díxenlle que bebendo cervexa. Non era toda a verdade , pero así aforraba un relato máis cumprido.

¿De verdade?, díxome ela inesperadamente cun sorriso

de inocencia que che partía a alma; e tamén coma se a miña resposta a enchese de admiración e de simpatía.

Opinou que, despois de tanto beber, un pouco de café acaeríame ben, e foi preparalo.

Uns minutos despois, cando estabamos bebendo os nosos cafés, foi saíndo gradualmente de debaixo do sofá un novo gato, tan pequeno coma o seu predecesor, pero eu coido que aínda máis escangallado.

G. saudouno cunha salva de reproches maternais e irónicos: Hassan, estás feito un lacazán: ¡todo o santo día durmindo!, etc., etc. Non sabía que tiñas un gato novo, díxenlle eu. Ela exclamou exultante: ¡Pois claro que si! E despois agregou: Chámase Hassan; un nome bonito para un gato, ¿non pensas? Soa a árabe, dixen, e ela exclamou agora: ¡É árabe!

E explicoume a procedencia do gato aquel, que era tamén a razón do seu nome árabe: fora un obsequio do Estudiante Yemení.

O gato movíase polo apartamento no estilo do seu predecesor tamén, con pasos lentos e dubidosos; finalmente, foi acurruncharse nun recanto do cuarto con seguridade listo para reanuda-lo seu sono.

Eu comenteille a G. que o Estudiante Yemení era en extremo amable, e que ela debía estarlle moi agradecida polas innumerables atencións que recibía del.

Entón operouse nela un cambio repentino. Perdeu todo o seu previo desenfado, e dixo tristemente: ¡Pobre rapaz! ¿Por que dis pobre rapaz?, pregunteille.

Ela volveuse confidencial. Baixou a súa voz ata un murmurio, como soía nestes casos.

E reveloume o grande segredo: o Estudiante Yemení estaba perdidamente namorado dela.

Era un amor fondo, auténtico; disto estaba completamente segura. Sabía ben que xamais había ser amada tan intensamente en toda a súa vida, díxome.

Pero sabía tamén con toda certeza que ela nunca había ser capaz de corresponder a aquel amor.

Era a súa traxedia. Este convencemento producíalle un permanente desacougo e infelicidade.

Ou sexa, explicábame G., eu considéroo como o meu mellor amigo, coma un irmán; pero non o podo aceptar como un amante... Mesmo algunha vez permitinlle certos avances, pero as súas caricias deixábame fría; sempre remataron en fracaso.

O Belga fixo unha pausa, como para darme tempo a dixerir tanta novidade.

Logo seguiu:

Non sei se che parecerá raro, mais eu nunca sospeitara aquel amor.

Naturalmente, aquela revelación de G. deitaba unha nova luz sobre o Estudiante Yemení. Transformábao nun novo Estudiante Yemení, con moi pouca relación co antigo.

Agora transformárase nun monstro do disimulo, ou do autocontrol oriental, que isto non o sei ben, dixo o Belga. Porque dime ti se non como podía amañarse para parecer tan interesado na película francesa cando á súa esquerda sucedía o que estaba sucedendo.

E dime ti se G. non se comportara con el no cine da maneira máis pérfida.

Porque realmente ¿non foi pérfido todo canto G. lle fixo, utilizalo como chauffeur, ademais como chauffeur dun coche que non dominaba ben; levalo ó cine seguramente a contragusto; facerlle ver durante todo o tempo que durou a película como lle outorgaba a practicamente un descoñecido como entón era eu tódalas concesións que lle denegaba a el de maneira tan implacable; para non falar da complicación de ter que saca-lo coche da neve, e do traballo suplementario de ter que deixalo aínda non sei onde, mentres que nosóutro-los dous xa descansabamos tan a gusto no apartamento?

Eu mesmo tiña tamén fortes motivos para protestar. Porque, como comprenderás, se eu sospeitara sequera algo do que había entre o Estudiante Yemení e G., non tería consentido situacións coma a do cine. Ten en conta que o Estudiante

Yemení igual se figuraba que eu o sabía todo, e que no cine me comportaba daquela maneira só para afundilo aínda máis.

Así que G. non aplicou a lección de The Ugly American ó seu mellor amigo, comentei eu.

Pois non. Xa ves.

Logo pregunteille ó Belga:

¿Fixécheslle algún reproche a G. pola súa falta de tacto, por dici-lo menos?

Non, ningún.

¿E non lle revelaches tampouco ó Estudiante Yemení a túa ignorancia da súa traxedia amorosa?

Tampouco.

¿Por que non?

O Belga encolleu os ombros.

¿Así que o Estudiante Yemení nunca chegou a estar enteirado da túa inocencia?

Supoño que non. En todo caso, tampouco deixou traslucir, nin pola máis leve indirecta, mostras de estar resentido contra min. Todo o contrario. Tratábame sempre con aquela amabilidade e aquela exquisita deferencia que eran as notas máis sobranceiras do seu carácter.

Sempre que me atopaba, preguntábame pola miña vida e polos meus problemas ; interesábase pola miña landlady[31], polos meus pasatempos, polos meus proxectos e dificultades, e mesmo polas miñas comidas. E nunca esquecía repetirme que tiña nel a un amigo.

Agora ben, que non traicionara síntoma ningún de estar resentido contra min, non quere dicir que non o estivese realmente.

Polo de pronto, xa na tarde do cine probara suficientemente a súa habilidade para enmascara-los seus sentimentos máis fortes e apaixonados.

O único sentimento que certamente non enmascaraba era a súa permanente tristura, subliñou o Belga.

---

[31] *Landlady:* patrona.

A súa permanente tristura.

Efectivamente, agregou o Belga, semellaba cada vez máis triste, e eu apoñía aquela tristura ó inevitable remate da súa estada en Norteamérica e á volta subseguinte para o seu país. Mesmo me preguntaba cal daqueles feitos o magoaba máis: se a marcha de Norteamérica ou a chegada ó Yemen.

Pero agora estaba claro que era en G. onde había que busca-la causa da súa depresión.

8

Aquela mesma tarde G. invitoume a merendar no apartamento, continuou o Belga.

Despois da merenda puxo no gramófono ópera italiana e música brasileira.

Sen dúbida quería crear un ambiente cálido e íntimo.

Pero ¿a ópera italiana é axeitada para crear tal ambiente?, pregunteille eu ó Belga.

Quizais non, pero a ela parecíallo, supoño, contestou. Porque o certo é que aquela tarde da visita da nai estaba ela, ¿como diría eu?, absorbida ou polarizada por unha ansia tan unilateral e indisimulada como a súplica en que, chegado o momento, se traduciu –aquel get in, please![32] pronunciado como desde un soño.

Mais eu estragueille o programa. Corteino anticipadamente. Non tiña ganas de quedar pola noite no apartamento, como ela me propuxo.

De xeito que o abandonei relativamente cedo –aínda que xa era noite– coa promesa de voltar ó día seguinte pola mañá.

Mais, á mañá seguinte, cando estaba subindo as escaleiras de madeira, altas e medio desencaixadas, que me conducían novamente ó apartamento de G., o Estudiante Yemení

---

[32] *"Get in, please!"*: "Entra, fai o favor!".

apareceu de súbito interceptándome o paso, tan puntual
coma se levase toda a mañá en axexo da miña chegada.

Preguntoume docemente se ía ver a G. Eu afirmei coa
cabeza. É que, ¿sabes?, replicoume case tatexando, ela pe-
diume que che diga que hoxe está moi cansa. Necesita dur-
mir. Quizais poida verte mañá.

Eu dei volta de inmediato, listo para desanda-lo meu ca-
miño.

Xa na rúa, cavilei no recado do Estudiante Yemení. Ne-
cesita durmir.

E repetín: Si, necesita durmir; pero engadindo de seguí-
da: Necesita durmir co Periodista Turco. Este sería o recado
completo.

Así que, como ves, o Estudiante Yemení consumara por
fin a súa vinganza.

De seguro, estivera matinando nela xa durante a sesión
de cine, cando tan interesado parecía na película desenrolada
en Hiroshima.

Xa que el era incapaz de desprazarme directamente da
miña posición privilexiada con respecto a G., acordou despra-
zarme por medio do Periodista Turco. E deuse présa, como
sabes. Ó día seguinte xa dera introducido ó Periodista Turco
no apartamento de G., despois de pasar toda a mañá falándo-
lle del á propia G.

De todas maneiras, a vinganza tardara en consumarse.

Ou mellor dito: non quedara consumada.

Por isto: porque cando non hai víctima non hai vinganza.
E eu non era víctima. O Estudiante Yemení non reparara nis-
to. Eu non sentía como unha derrota a caída de G. en mans
do Periodista Turco.

Ademais o Estudiante Yemení non fixera máis que cam-
biar un rival por outro peor. Así que, en definitiva, o único
derrotado era outra vez o Estudiante Yemení.

Porque eu tiña a impresión de que difícil lle sería ó Es-
tudiante Yemení atopar un rival máis duro, máis celoso e
máis belicoso. En efecto, o Periodista Turco estaba disposto,

parecíame, a manterse en posesión exclusiva, arábiga, de G., loitando con uñas e dentes se era preciso; de xeito que ó Estudiante Yemení había resultarlle imposible desprazalo nunca, nin tan sequera de maneira tan pouco satisfactoria para el na que me dera desprazado a min.

Tales foron máis ou menos as miñas cavilacións mentres tornaba para a miña casa.

A medio camiño, así e todo, xa deixara de ocuparme propiamente de G., do Periodista Turco e da traxedia do Estudiante Yemení.

Adentrárame en Thornden Park[33]. Estaba totalmente deserto. Camiñaba de vagar. A mañá era glacial.

Eu vivía en Clarendon Street, xa sabes: unha rúa tranquila, de vivendas baixas e sempre tan baleira coma o propio Thornden Park. Paraba na casa dunha señora, como tamén sabes; unha señora que pasaba o máis do tempo na soidade en contra do seu gusto, pois era moi sociable, e o máis curioso é que tiña fillos, pero estes, que non vivían nada lonxe, ían vela unha vez por mes ou aínda menos, en visitas fuxitivas e como de cortesía.

Xusto cando desembocaba en Clarendon Street experimentei a sensación que me levou ó descubrimento da primeira parte da miña verdadeira historia, mais agora non che vou falar disto.

9

Ben, continuou o Belga, o certo é que xa non tiña ningún motivo para delonga-la miña estada alí, mais aínda tardei algún tempo en marchar.

Finalmente acordei facer unha viaxe polo Canadá. Parei na fronteira para visita-las Niagara Falls[34]. Tratei de imaxinar

---

[33] *Park:* parque.
[34] Niagara Falls: Cataratas do Niágara.

aquela paisaxe tal como debía de ter sido centos de anos antes, no seu estado virxe, sen turismo.

Gustoume Ottawa. Unha grata capital, no meu ver, e, por sorte, libre precisamente de importantes atraccións turísticas, salvo quizais o Parlamento –rodeado dun céspede brillantemente verde, dunha calidade coma de veludo, que me fixo lembra-la luz inglesa, tan compenetrada con verdes refulxentes. Tamén admirei os bosques e agras canadienses. Montreal, en cambio, xa non me gustou tanto.

Pero na impresión que che poida producir unha cidade, tanto coma a cidade mesma, inflúe o humor que teñas no intre da túa chegada.

Aínda seguín viaxando por outras partes, tanto do Canadá coma dos Estados Unidos.

Non me dixo o Belga, así e todo, por canto tempo, nin tampouco canto había desde que volvera a New York City.

10

Eu díxenlle ó Belga:

Pero ¿por que G. non había estar cansa de verdade e chea de sono, en vez de estar co Periodista Turco? ¿Por que deches por descontado que estaba con el? E pode tamén que o Estudiante Yemení nunca pensara en tomar vinganza contra ti, e que o Periodista Turco non tivera mentes de seducir a G., por moito xeito que demostrase para aloumiñar gatos.

Despois de todo, unha das máis famosas razas de gatos leva nome turco –os gatos de Angora.

En suma, ¿por que consideras que tódalas túas suposicións foron acertadas?

O Belga escoitoume con paciencia. Despois admitiu:

Quizais teñas razón, pero é igual.

Fixo unha pausa para agregar:

Ti querías que che falase de rapazas, ¿non é verdade?, e

eu conteiche unha historia cunha rapaza da maneira máis amena e detallada que me foi posible.

Pero, ademais de amena e detallada, ¿é ou non unha historia verdadeira?, preguntei eu.

Ben, atende, empezou o Belga, como esforzándose en presentar de forma clara e sinxela un asunto máis ben complicado. Ti estarás seguro de que esta noite te atopei agardando e de que agora camiñamos xuntos.

Eu calei porque a resposta era innecesaria.

Pois igual de seguro podes estar, proseguiu o Belga, de que atopei a G. e a tódolos demais e de que os coñecín mellor do que te poida coñecer a ti.

E, polo que toca a A.J. Toynbee, o historiador que medita sobre a historia, segundo a túa definición, non me negarás que vive e anda por aí.

¿Que queres dicir?, preguntei un tanto alarmado.

Xa che falei dunha conferencia súa á que asistín con G., replicoume.

¡Ah!, si. Pero espero que non empeces outra vez a remexer na historia.

11

Pero, ademais da historia, estaba a súa verdadeira historia, ou a primeira parte dela, que si me intrigaba verdadeiramente.

Sorprendentemente, o Belga non me puxo agora o menor reparo en satisface-la miña curiosidade sobre este enigmático punto.

Ó chegar a Clarendon Street aquela mañá, contou, tiven a sensación inequívoca de que todo canto me rodeaba carecía de existencia real.

Non direi que fose coma un soño. Os soños parecen verdadeiros sen selo, pero un non se decata de que non o son. Pero eu sabía que estaba perfectamente desperto e, por outra

parte, a impresión de realidade que recibía do exterior, in-
cluíndo os escasos e débiles ruídos que me chegaban, frotaba
sen consistencia e allea a min mesmo sobre a certidume de
que todo era ilusorio.

Non só aquela mañá xeada: tamén todo o meu pasado
era ilusorio e alleo a min. Só eu mesmo era real. G. e tódolos
demais, e Thornden Park, e Clarendon Street, e o frío da
mañá, non existían, eran irreais.

Só eu mesmo era real, repetiu o Belga.

Pero ¿por que? ¿Por que pensaches que todo o demais
era irreal?, preguntei eu.

Non o pensei: sentino, contestou o Belga. O que si pen-
sei logo é que o que eu sentira estaba plenamente xustificado.
Tivera dunha vez por todas a experiencia infalible da irreali-
dade do mundo; esa experiencia momentánea transformouse
pouco a pouco en convencemento permanente, e non fixen
máis que saca-las consecuencias necesarias.

Nada do que me rodea ten razón de ser, e o que non ten
razón de ser non é, e non hai volta que darlle. Ó dicir que non
é, quero dicir que se trata só de impresións falsas, rematou o
Belga.

Así de fácil. Eu quedara como atordoado, sen saber por
onde saír. Por fin, ocorréuseme esta pregunta:

¿E ti tiñas, ou tes, razón de ser?

Teño que tela, afirmou o Belga rapidamente, porque eu
non son ningunha impresión falsa, disto podes estar seguro.
Eu polo menos estouno.

Eu tamén, dixen.

Polo tanto, ten que ser un castigo, afirmou o Belga. Al-
guén castigoume con estas impresións falsas. Non sei por que;
antes xa criticámo-lo acto de impoñer un castigo sen dicir por
que.

Non penses que aquela experiencia me fixo perde-la cal-
ma. Aquela mañá eu seguín a camiñar tranquilamente e, ó
chegar á casa, comín un peixe afumado noruego que mercara
o día antes, e non deixei nada porque estaba moi bo.

¿Así que, segundo iso, a túa aventura con G, non foi máis que un castigo? ¿E G., tan fermosa e xentil contigo, non era para ti máis que un castigo?, obxecteille ó Belga.

G. era fermosa e atractiva; era todo o contrario dun castigo, contestou. Agora, o que si era un castigo era o feito de que fose unha impresión falsa. Que non fose o que me parecía.

Enténdeme ben: eu fun, e son, afortunado ou polo menos moito máis afortunado e feliz cá inmensa maioría. Por iso o meu castigo non ten comparanza co culleus ou con Hiroshima, por exemplo. Igual é unha burla ou unha broma, e non digo unha broma pesada, porque repito que o paso bastante ben. O que ocorre é que non sei quen é o gracioso que ma está gastando, pero, sexa quen sexa, heilla devolver con creces en canto poida.

Haste vingar como o Estudiante Yemení.

Mellor.

Lembreime del porque esta tarde víchelo en Sullivan Street, pero ¿seguía sendo unha impresión falsa?

Certo. Supoñendo que fose el.

Logo, erguendo un pouco a voz, agregou:

Pero hai infinitos exemplos. Podes poñer todos cantos queiras. As Pirámides, o culleus.

A Guerra dos Cen Anos, A.J. Toynbee, recitei eu.

Os satélites artificiais.

A illa de Manhattan.

E Richmond e Queens.

E Brooklin e o Bronx[35].

O Times Building.

A New York Public Library. O que queiras.

Paréceme que cando estabamos recitando esta lista de falsidades colosais principiaramos xa, despois de tanto tempo

---

[35] Manhattan, Richmond, Queens, Brooklin, Bronx: distritos municipais (*boroughs*) de Nova York.

como levabamos de camiño, a mergullármonos no mundo abraiante do Great Whiteway[36], pero non me faga moito caso, que non estou nada seguro.

Si sei que, cando puxeramos punto final á lista, eu parei para presentarlle ó Belga esta pregunta disimulada:

Se a túa verdadeira historia ten unha primeira parte, terá tamén unha segunda parte.

Si, contestoume de seguida. Pero rectificou: Ben, de momento aínda non é propiamente historia, pero serao en canto a min me dea a gana. A segunda parte é a miña espera, xa che falei algo dela. Descubrina esta tarde.

¿Esta tarde?

Si, indo por Sullivan Street, hai dúas ou tres horas, pouco despois de albiscar ó Estudiante Yemení; pura coincidencia, non penses que o Estudiante Yemení me infundiu ningunha inspiración. Aínda que nunca se sabe.

As súas gafas negras quedaron ollando fixamente para a miña cara. Por fin, preguntoume:

¿Queres coñecer máis detalles?

Quero.

Pois logo ímonos.

E reempredémo-la marcha.

---

[36] Great White Way: Gran Camiño Branco –alusión á esplendorosa iluminación nocturna do Broadway central.

III

He hath no root, nor to one place is ty'd
But ever restless and Irregular
About this Earth doth run and ride...

H. VAUGHAN, Man.[1]

---

[1] "Non ten raíz, nin está vinculado a ningún sitio / senón que sempre inquedo e irregular / corre e viaxa por esta terra...", *O Home*; Henry Vaughan (1612-1695) pertence ó grupo dos chamados "poetas metafísicos" ingleses.

1

¿Demos chegado a Times Square? Teño as miñas dúbidas. Sei con toda certeza que durante uns minutos, estivemos rodeados polas luces e as xentes do Great Whiteway, aínda que non podo precisar cando ocorreu isto, como xa indiquei máis ou menos abertamente. Tamén dixen que o noso itinerario fora do máis irregular, como se realmente non quixesemos ir a ningún sitio determinado. Do demais, pouco podo afirmar ou negar con seguridade.

É posible, pois, que si chegasemos a Times Square, sen que eu garde memoria deste feito. Ou quizais me deixase un recordo tan borroso como para axiña quedar disolto en tódalas outras imaxes que tiña de Times Square que, combinadas, forman, ou tenden a formar, unha soa imaxe, sumaria, inmóbil, intemporal.

O caso é que, cando o Belga me dixo que iamos colle-lo tren –non me dixo que tren–, estabamos xa ben lonxe de Times Square: baixabamos polo medio dunha rúa con pouca luz e moita costa.

Aquela rúa era o principio dun novo escenario que non presentaba semellanza ningunha coa noite de Manhattan. Disto tamén estou seguro: o brusco cambio, a aparición dun novo marco para a nosa aventura, tivo lugar xusto na rúa aquela.

Non obstante, eu aínda asocio dalgún xeito a nosa baixada por ela cos paseos que a miúdo dera ata Pennsylvania Station[2]. Pero, evidentemente, o único parentesco entre aquelas dúas rotas era a circunstancia de ambas remataren nunha estación ferroviaria. Pois a rúa pola que baixabamos entón non pertencía a ningún barrio familiar para min.

Pero aquí vén o máis curioso: eu acollía todo aquel cambio con impasible naturalidade. Nin se me ocorreu entón, nin se me había ocorrer despois, pedirlle explicacións de ningún xénero ó Belga. Só lle fixen algunha que outra pregunta sobre detalles secundarios, e máis nada.

Forzosamente tivemos que efectuar máis tarde unha serie de actos que son incapaz de rememorar: é coma se os realizase outro.

Por exemplo, eu esquecín por completo a nosa chegada á estación. (Vde. preguntará: ¿Que estación? Pero non lle podo dar resposta ningunha. Polo demais, terá que se ir afacendo a unha enorme cantidade de ignorancia pola miña parte, pois temo que vai seguir prevalecendo durante todo o resto do meu relato). Como esquecín tamén a nosa subida ó tren, a nosa instalación no departamento e a nosa saída.

Todo canto podo dicirlle é que me atopei nun tren que viaxaba na noite a toda velocidade.

Estaba sentado de cara ó Belga, único compañeiro de viaxe no departamento –e pode que non só alí.

O departamento achábase alumeado a duras penas por unha pequena luz azulada: diríase que non estaba destinada a proporcionarlles ós viaxeiros algunha visibilidade, senón máis ben a axudalos a durmir.

O Belga mantíñase todo ríxido no asento, mirando para o teito, coa gabardina posta.

---

[2] Pennsylvania Railroad Station: Famosa terminal ferroviaria de Manhattan.

A falta doutros, decidín botar man dun pasatempo do que non me lembrara desde o meu encontro co Belga: fumar.

Saquei o meu paquete de cigarros americanos e comprobei que só me quedaban dous. Ofrecinlle un ó Belga; colleuno sen vacilar. Despois, co pito nun ángulo da súa boca, desculpouse por non ter mistos tampouco; naturalmente, eu deille lume tamén. Acendín outro cigarro para min, e así pasámo-los minutos seguintes: fumando en silencio.

¿Non tiñamos nada que dicírmonos? Pois, por raro que pareza, de momento non –coma se todo canto desexasemos fose ir no tren.

De todas maneiras, eu fun o primeiro en pronunciar unhas poucas verbas:

Poucos pasaxeiros levamos, dixen.

O Belga replicou:

Quizais sexámo-los únicos.

Despois ergueuse; díxome lentamente que logo había estar de volta, e desapareceu no corredor.

Eu fiquei comodamente sentado, rematando o meu cigarro. Non sei por que, evoquei algunha viaxe en vellos e típicos vagóns ingleses –puiden evocar, como xa terá ocasión de comprobar, viaxes moito máis duras. Algúns de tales vagóns, que, sen dubida, aínda estarían correndo por Inglaterra adiante, tiñan departamentos comunicados co exterior soamente por dúas portas laterais, pero non tiñan corredores, nin, polo tanto, ningunha comunicación interna entre os departamentos, nos cales, consecuentemente, cando o tren estaba en marcha, os pasaxeiros quedaban completamente illados, e podían estar seguros de que non habían ver a máis ninguén, a ningún outro compañeiro de viaxe, antes da seguinte parada. Así que supoñamos que un tiña a sorte de quedar de tal xeito illado todo o tempo coa rapaza inglesa que fose daquela centro dos seus pensamentos, meta das súas esperanzas, fonte da súa ansiedade... Supoñamos algo así: aínda que fose unha fría mañá de inverno, aínda que a viaxe fose curta,

dúas horas só desde Victoria Station[3] ata unha diminuta esta-
ción en Surrey[4], ¿non eran dúas horas incomparables? Pero
un non debe deixarse asulagar por estas ondas de nostalxia.

O Belga volveu coa noticia de que, efectivamente, nós
erámo-los dous únicos pasaxeiros do tren.

Moi ben, comentei eu. E logo pregunteille:

¿Pensas que é razoable, todo un tren para dous pasaxei-
ros?

¿Razoable? Desde logo que non.

Erguinme eu tamén, para estirar un pouco as pernas, e
púxenme a pasear polo departamento. Os dous únicos pasa-
xeiros, repetín para os meus adentros. Pero, evidentemente,
non podiamos se-las únicas persoas do tren. Porque ¿quen
era, se non, o maquinista? Así e todo, imaxinei por un intre
un tren autogobernado e consciente da súa meta e das para-
das que tiña que facer. Díxenme tamén que un longo asubío
coma os que botaban as clásicas locomotoras de vapor daría-
lle amenidade á viaxe.

Despois arredei a cortina e peguei o meu rostro contra o
cristal da ventaniña, ollando para afora. A escuridade era tan
mesta que nada puiden distinguir. Pero figureime que iamos
internándonos por unha grandiosa paisaxe canadiense de la-
gos e de interminables bosques de abetos, unha paisaxe nór-
dica como lle gustaría ó Belga.

De súpeto, decateime de que o Belga estaba durmindo.
Tiña a cabeza apousada no encosto do asento e respiraba len-
ta e fondamente. Parecía envexablemente relaxado. Así e
todo, non puiden deduci-lo estado do Belga dun dos síntomas
máis claros do sono, a saber: os ollos pechados, pois tampou-
co agora sacara as gafas.

Volvín sentar. Perdera o sentido do tempo. Pensei vaga-

---

[3] Victoria Station: Unha das principais estacións de ferrocarril de Lon-
dres.
[4] Surrey: condado ó Sur de Londres.

mente consulta-lo meu reloxo; pero de seguida díxenme que
a hora nada importaba e desentendinme deste asunto.

O sono é contaxioso. O exemplo do Belga era todo canto
eu precisaba para quedar vencido tamén por el. Por tres ou
catro veces os meus ollos pecháronse e abriron de novo por si
mesmos, sen ningunha intervención voluntaria miña. Por fin,
pecháronse pesadamente e, penso que por segunda vez desde
a nosa chegada ó tren, quedei durmido. Por uns segundos, así
e todo, aínda sentín o constante traqueteo das rodas do noso
vagón, aínda que alonxándose máis e máis de min mesmo;
despois, a miña consciencia apagouse.

2

Despertoume o Belga supetamente mais, ó propio tem-
po, non sen coidado, poñéndome unha man arredor do meu
brazo. Díxome:

Chegamos.

Efectivamente, de seguida notei que o tren estaba para-
do. Mirei outra vez pola ventaniña, que quedara coa cortina
afastada desde o meu van intento de contempla-la paisaxe.
Unha forte luz azulada-fluorescente case me deslumbra: esta-
ba firmemente imposta –a luz– por un numeroso conxunto de
farois que, pensei vagamente, lle acaían moi ben a unha esta-
ción de tren ás altas horas da noite.

Algunha vez, folleando algún Book of Photography[5] ou
algo así, cría ter visto fotografías nas que se amosaban sen
piedade perspectivas frías, inútiles, asoballantes, de moder-
nas cidades na noite; aquelas teimosas e excesivas luces da es-
tación trouxéronmas á memoria.

O meu sono, verdadeiramente profundo, fora interrom-
pido prematuramente, de xeito que aínda non estaba ben des-

---

[5]*Book of Photography:* Libro de Fotografía.

perto. O Belga, pola súa banda, acenábame calmosa, mais tamén resolutivamente, para que eu saíse con el. Eu seguino sen vacilar. E teríao seguido igual aínda que puidese tomar unha decisión plenamente lúcida. Nada se me perdía no tren.

Así que baixamos. Camiñamos pola estación. Ademais das luces, presentaba outra peculiaridade: que non había ninguén nela. Nin pasaxeiros, nin xefe de estación, nin mozos para a equipaxe. Ninguén.

Desembocamos nunha avenida longa, ancha e recta. Coma a estación, estaba iluminada por luces poderosas e fluorescentes.

Antes de perder de vista a estación, mirei para atrás, por ver se o tren aínda non arrincara. Coido que dexerguei parte dun vagón a través da entrada principal, que seguramente quedaba aberta toda a noite.

Principiamos a avanzar a toda mecha pola avenida, que se alongaba ata perderse de vista. Por sorte, eu non me cansaba nada, a pesar de que o Belga levaba realmente paso de atleta. Agora eu xa estaba completamente desperto.

Camiñamos dereitos durante uns quince minutos; despois collemos pola esquerda e subimos por unha rúa lateral, estreita e moi encostada.

Polo que puidera ver ata entón, tódalas rúas da cidade compartían esta circuntancia: estaban deslumbrantes, inundadas de luz pública, pero sen que isto fose de proveito para ninguén, salvo para nosóutro-los dous. Porque non había xente por ningures, nin tan sequera un solitario vagabundo noitébrego. Que derroche, pensei.

Mais de súpeto decateime doutra circunstancia aínda máis chocante: a ausencia de tráfico rodado.

Eu sentira escuramente esta ausencia mentres andabamos pola avenida e só o golpeteo das nosas pisadas rachaba o silencio dominante; mais daquela non a percibira con claridade.

Percibíaa agora. Si, as rúas estaban baleiras, sen coches nin autobuses, sen ningunha clase de transporte, público ou privado. Pero, curiosamente, había profusión de sinais de tráfico axeitadamente distribuídos –pareceumo así– e semellantes en número e forma ós que se ven en calquera capital occidental –case nada sei dos non occidentais.

E, ademais, funcionaban: xa pasaramos por diante dalgún semáforo no intre en que cambiaba as luces.

Chegamos a unha praza pequena, rectangular, dominada por un edificio dun só piso, máis ben elegante, cun pórtico segundo o modelo do Partenón ou baixando ós nosos tempos, do British Museum[6] ou do New York's General Post Office[7] –aínda que moito máis pequeno que estes dous monstros. É dicir, que debía de ser de estilo neoclásico. Enriba das columnas do pórtico, oito ou nove letras maiúsculas, tamén luminosas, co mesmo tipo de luz có resto da cidade, compoñían un nome que non fun capaz de descifrar.

Entramos no edificio; non tivemos máis que rempuxar unha porta de cristais, a cal, renxendo un pouco, tornou á súa posición primitiva por medio dun resorte.

Como era xa habitual, tampouco atopamos a ninguén alí dentro. Nin sequera un porteiro, ou un vixiante nocturno.

Fomos parar a unha sala espaciosa, rectangular, transformada, ó parecer, en exposición nocturna de pintura –sen visitantes, salvo nós outra vez.

Había cadros pendurados todo ó longo das catro paredes. Todos eran máis ben grandes. Sorprendentemente, a sala carecía de iluminación xeral. En vez dela, cada cadro estaba individualmente iluminado por unha barra de luz.

Empezamos a percorre-la exposición, cadro por cadro. A dicir verdade, eran todos o mesmo; ou, mellor, eran variacións sobre o mesmo tema. O malo é que non sei que tema. Desde logo, non representaban ningún obxecto real. Eran formas escuras, con significados que eu non podía aprehen-

---

[6] British Museum: Museo Británico de Londres.
[7] New York's General Post Office: edificio central de correos de Nova York.

der. Así e todo, se tivese que explica-la impresión que me
produciron, diría que me pareceron símbolos do espírito da-
quela cidade. Aínda que aquelas formas caprichosas non pre-
sentaban a mínima semellanza externa con ningún dos ele-
mentos (tan comúns, por outra parte) que ata entón fora ob-
servando polas rúas; refírome ás casas, ás aceras, ós farois e
demais.

Regresamos á praza. Pregunteime cal sería a nosa próxi-
ma parada (supoñendo que a exposición fose unha parada).
En secreto desexaba, e mesmo esperaba, facer un alto nal-
gún sitio máis acolledor; disfrutar da veciñanza doutra xente;
esquecer, aínda que fose só por un momento, aquela atmós-
fera vouga, monótona, un tanto alporizante.

3

E así foi.

Porque un pouco despois estabámo-los dous sentados pe-
rante unha mesa, nunha especie de night-club[8] grato e confor-
table. Pediramos unha botella de viño. Non fai falta dicir que
a min xa non me quedaba nin rastro dos efectos do whisky
que estivera bebendo no Greenwich Village.

O local, nin demasiado cheo, nin demasiado pouco con-
corrido, tiña, diría eu, o número xusto de clientes. Todo o
mundo parolaba polo baixo, tranquilamente, de modo que ós
nosos oídos só chegaba un suave murmurio. E a iluminación
estaba en consonancia coas voces: discreta, difusa, a penas
enchendo todo o local, deixándoo sen perfís discordantes,
nunha íntima penumbra, era un alivio despois da iluminación
desmedida das rúas.

Había unha excepción, así e todo, xusto no extremo
oposto a nós: unha plataforma circular, máis ben pequena, li-

---

[8] *Night-club:* club nocturno.

xeiramente máis alta có nivel do chan, cun piso translúcido (aínda que non estou moi seguro disto) e viva, mais non excesivamente iluminada desde dentro.

Instalarámonos alí tan axiña, que a min aínda me levou algún tempo afacerme á nosa nova, e máis ben frívola, situación. Pero, naturalmente, eu saudáraa compracido desde o primeiro intre.

En cambio, o Belga, coas pernas cruzadas e ben encostado na súa silla desde a nosa chegada, parecía como peixe na auga. Creo que agora sacara a gabardina, pero non estou fixo.

Memory Lane.

Só despois de el pronunciar estas palabras, para min incomprensibles, deime conta do moito tempo que había que non oíra a súa voz.

¿Que é iso?

A trip down Memory Lane[9].

O Belga explicoume que así calificara G. a visita feita por eles dous ó baile onde os amigos da propia G. practicaban o rock.

Sei que os cha-cha-chas non che gustan moito e que ve-lo rock con ollos máis favorables, pero ¿gústache o baile en xeral?, pregunteille.

Hai anos que non bailo.

Pero ¿gustouche o baile?

A música de baile é traidora coma a neve. Faite bailar case sen que ti te decates. Pero eu inventei unha maneira invencible de loitar contra ela, o antibaile.

Explica o antibaile.

Moi sinxelo. Tocan un rock, por exemplo, e bailas un tango. Tocan un tango, e bailas un rock. Ou sexa, lévaslle a contraria ó baile.

¿Aínda o practicas, o antibaile?

---

[9] "A trip…": Frase feita, traducible como "unha volta polo Camiño da Memoria".

Non, agora non bailo nin antibailo. Pero xa falamos abondo de rocks e de bailes, ¿non pensas?

Tes razón, pero fuches ti quen mencionou a Memory Lane.

A verdade é que eu, pola miña parte, non tiña ningún desexo de falar de bailes. Si quería, en cambio, facer un breve comentario sobre a primeira parte da súa verdadeira historia, como el dicía.

Bebín uns grolos máis de viño, forte e seco. O viño, ás veces, é bo aliado do razoamento, volve a intelixencia máis brillante. Polo menos, isto me pareceu a min despois de tomar aquela pequena cantidade: pode que confundise brillantez con irresponsabilidade intelectual. Así que, sen máis preámbulos, lanceime:

Todo iso das impresións enganosas, das impresións falsas, díxenlle, é.. un mito moi vello, con moitas variantes. Supoño que terás oído contar, ou que terás lido, algo parecido a isto:

(Fixen unha curta pausa: o Belga permanecía imperturbable).

Máis ou menos é que as almas humanas vivían, nun principio, cos deuses, preto dunha rexión alén dos ceos na que está a morada da verdadeira realidade. Aquel era o seu país, o seu propio fogar.

Pero había nelas un impulso malo: coma un cabalo vicioso que as arrastrou á perversidade e que, finalmente, ocasionou a súa ruína; porque lles fixo perde-las ás e caer nunha rexión inferior, o mundo material, máis falso que verdadeiro, onde quedaron vencelladas a un corpo, que é coma unha cadea para elas.

E desde aquela están fundidas nun estado de permanente inquedanza e de señardade.

Desconfiando que o Belga sacase as debidas consecuencias, expliqueille:

Como ves, este mito ten que ver tamén cunha falta e cun castigo: e o castigo consiste en caer nunha realidade tan pouco sólida, que practicamente é un mundo falso, unha impresión enganosa[10].

O Belga mantíñase reclinado no encosto da súa silla, coa cabeza lixeiramente ergueita; era, sen dúbida, a súa postura favorita. Realmente, eu non tiña ningunha razón para pensar que non me estivera escoitando atentamente todo o tempo; pero desconcertábame que non dixese nada. Eu aproveitei a súa mudez para ir ó WC. Cando voltei, preguntéille:

¿Que che parece o mito?

Contestoume con frialdade:

Todo iso das almas e dos corpos non che me interesa nada. Ademais, tódolos mitos, coma tódalas lendas, coma toda a historia e tódolos escritores e pensadores do pasado e do presente son iso soamente, falsas impresións.

Ben, dixen resignado. Deixemos iso. Pero recorda que estou aquí por mor da segunda parte da túa historia.

A miña espera.

A túa espera.

4

A nosa conversa foi felizmente interrompida por unha empregada do local, supuxen, que, inesperadamente, tomou asento na nosa mesa, por frente do Belga. Era morena, tez tersa, pómulos prominentes. Calcularíalle arredor de trinta anos, se tal pode se-la idade dunha plenitude corporal conxugada cun celmoso equilibrio interno e un doado autodominio –e fago esta descripción a pesar da semiescuridade predominante.

Díxonos se podiamos pedir un whisky para ela e compra-

---

[10] O mito segundo o cal a alma humana baixou ó mundo material e quedou unida a un corpo como castigo por unha falta encóntrase, por exemplo, no diálogo *Fedro* do filósofo grego Platón (428-347 a.C.).

cémola inmediatamente. A propósito, a súa fala era tamén un International English[11].

Despois dunhas poucas palabras destinadas, evidentemente, a establecer unha familiaridade natural e rápida entre os tres, ela, sinalando o outro lado do local, anunciounos que axiña teriamos ocasión de vela na plataforma.

¿Algún show?, preguntámoslle.

Ela afirmou coa cabeza, engadindo:

Adoro o meu traballo.

Sen dúbida ningunha, o Belga era do seu agrado. Non afastaba del os ollos, nin lle importaba nada manifesta-lo seu sentir. Isto quedou ben claro cando lle propuxo abertamente:

¿Podo verte esta noite?

Como o Belga tardaba en darlle resposta, ela falou dun apartamento moi bonito que tiña a dous pasos de alí.

Por fin, o Belga declinou a invitación. Dixo lentamente:

Esta noite, imposible.

Ela non insistiu, nin expresou tampouco a mínima curiosidade por coñece-las causas daquel refugo.

Pouco despois alguén chamouna; así que, deixando o seu vaso de whisky case intacto, abandonounos cun xentil excuse me[12].

A súa marcha colocábanos, pareceume, nunha situación incómoda. Certamente, nós non viñeramos a aquel night-club xusto para estar con ela; mais, coa súa ausencia, era coma se quedasemos privados da nosa principal xustificación para seguir alí sentados.

Houbo un longo silencio.

As primeiras verbas viñeron do Belga. Coma se adiviñase o meu pensamento, comentou:

Era atractiva, ¿non era?

¿Por que non lle dixeches que si?

Permaneceu calado por uns segundos; despois dixo un tanto divertido (tal é a impresión que me deu):

---

[11] *International English:* Inglés Internacional.
[12] *"Excuse me":* "Desculpádeme".

Unha situación moi típica. As posibilidades sempre abertas ó lado erróneo.

¿Por que dis iso? ¿Estás a compararme co Estudiante Yemení?

Non, agora non pensaba no Estudiante Yemení.

Dime ti, ¿ti es sempre o lado erróneo para o que as posibilidades están abertas? Ou, con outras palabras, ¿nunca che tocou en sorte o triste papel do Estudiante Yemení?

Si, máis dunha vez.

De repente, un conxunto de violíns rachou o relativo silencio do local. Tocaba unha música cambiante, de mansas melodías alternando con ritmos frenéticos, con aire –e forza– de danzas húngaras. Sinto non saber nada de música; por isto a miña descrición anterior, ademais de pobre, é pouco fidedigna. Despois –e sigo sendo pobre e pouco fidedigno– os compases fixéronse solemnes, como anunciando un acontecemento importante, e finalmente subiu á plataforma a nosa show-girl[13], un tanto distante, elegante e gratamente distante, diríase. Ou quizais fose só o viño que tomara, co seu poder de realzalo todo.

En harmonía agora cun discreto fondo musical, foi liberándose de toda a súa vestimenta como de pura ornamentación superflua; ata que, finalmente, saudada por unha cálida salva de aplausos, amosouse diante de todos triunfal e con olímpica naturalidade, nor those misterious parts were then conceal'd (Paradise Lost[14], IV 311); e engadiría, se non fose por unha densa e viva sombra felizmente non escultórica, que coma unha estatua ¿helénica? –pois si, coma unha estatua helénica.

Sentíase, en certo xeito, que tódolos ollos estaban fixos na plataforma, e que permaneceron así ata o mesmo intre en que ela se retirou, deixando a plataforma convertida nunha

---

[13] *Show-girl:* artista do espectáculo.
[14] "Nin as partes misteriosas estaban daquela escondidas" (*O Paraíso Perdido*). O poeta inglés John Milton (1608-1674) narra no seu poema épico *O Paraíso Perdido* a rebelión de Satán e a caída de Adán e Eva. Este verso refírese a Eva cando por primeira vez foi vista por Satán.

luz baleira e inxustificada. Só entón volvín a miña mirada
cara ó meu compañeiro –e descubrín que a súa silla estaba ba-
leira tamén, que tamén el se esvaera.

Sen pagar nada polas nosas bebidas (a propósito, desde
que trouxera o whisky, non volvera ver ó camareiro que nos
atendera), erguinme e apureime a abandona-lo night-club ou
o que fose. Por certo que agora deume a impresión de que es-
taba deserto, de que tódalas sillas quedaran tan baleiras coma
a do Belga.

Xa na rúa, emprendín o meu longo paseo en procura do
Belga.

                                    5

Longo paseo, dixen.

Efectivamente, avancei sen pausa polas rúas. Percorrín
toda a parte central da cidade e seguramente andei máis dunha
vez pola mesma rúa, porque descoñecía por completo a es-
tructura xeral da cidade, e tamén porque as rúas se semella-
ban tanto unhas ás outras. Pouco importaba que algunhas
fosen realmente avenidas, mentres que outras non pasasen de
calexas estreitas; o caso é que todas moi ben poderían repre-
sentarse por unha rúa recta, longa e deserta, cunha sucesión
sen fin de farois ás dúas beiras deitando sobre elas as súas lu-
ces.

De todas maneiras, non vin nin rastro do Belga. (¿Que
rastro podía haber? Nin tan sequera unha cabicha no chan.)

Pero, finalmente, fixen un descubrimento sensacional.

Eu non imaxinara que a cidade puidese estar na beira-
mar.

Pódese presenti-la veciñanza do mar polo arrecendo do
aire, por unha brisa húmida, ou mesmo polo aspecto das xen-
tes e das tendas (ben, non había xente salvo no night-club,
polo menos ó principio, e as tendas estaban todas pechadas).

Pero eu nada percibira, nin o síntoma máis mínimo, que puidese interpretarse como un presaxio do mar.

E, supetamente, ó final dunha rúa estreita, os meus ollos bateron con el.

Ou mellor dito, eu non puiden discerni-lo mar realmente, pois estaba confundido coa escuridade da noite, pero vin os sinais vermellos dun faro mareiro refulxindo de tempo en tempo na distancia e, moito máis preto, alongándose máis de cincuenta metros, a silueta negra e alta dun peirao –e o Belga paseándose por el.

Si, era o Belga. A gabardina facíao inconfundible.

Apurei o paso cara a el. Durante o camiño fun comprobando que o mar estaba tan deserto coma a propia cidade. Descontando o peirao esplendidamente iluminado e tamén a luz vermella do faro escintilando ó lonxe de cando en cando, o resto era unha uniforme escuridade.

O Belga recibiume con estas palabras:

Por fin viñeches.

Pensei que quería dicir: Ben sabía que acabarías vindo.

Si, pero non polo meu gusto, repliquei.

Naturalmente, eu estaba resentido contra el. E non só por fuxir como fuxira, sen avisarme, senón porque, ademais, non concebía que en ningún outro sitio da cidade se puidese estar mellor que onde estabamos antes.

¿Porque non quedaches, logo?, preguntoume.

En certo modo, el tiña razón. Podía ter quedado alí eu só, máis isto non volvería a súa conducta menos inconsiderada.

Polo menos, podías despedirte.

Principiamos a pasear polo peirao.

¿Non me dixeches ti mesmo que era atractiva?, preguntelle eu.

El asentiu. Non tiven que explicarlle a quen me refería.

¿Máis que G.?

Penso que si. A súa beleza e a súa personalidade eran, sen dúbida, máis..., máis formadas.

Pois logo non te entendo. Aceptaches unha invitación de G. para pasar con ela non sei cantos días nunha cidade a máis de cincocentos quilómetros de distancia. En cambio, rexeitas unha invitación máis interesante, e coas avantaxes de ser só para unhas poucas horas e de non teres que moverte máis de dous pasos.

En realidade, eu non me manifestaba agora moi sinceramente. Porque o que de verdade me contrariaba non era que non se despedise de min, nin menos, naturalmente, que non aceptase a invitación da súa admiradora. O que me contrariaba era, sinxelamente, o que xa lle dera a entender: a súa marcha do night-club en tanto en canto que, indirectamente, claro, e non dunha maneira forzosa, desencadeara a miña propia marcha.

El paseaba coas mans nos petos da gabardina e tornando a cabeza para os dous lados como se outease o horizonte –vanamente, supoño, xa que nada se albiscaba. Aínda que non presentaba un aspecto moi militar, eu compareino mentalmente a un xeneral inspeccionando un próximo campo de batalla.

¿Non era a miña espera o que che interesa?, preguntoume.

Eu calei. Non lle podía contestar que non; tampouco ousaba dicirlle que xurdiran feitos –ou persoas– máis interesantes cá súa espera.

Logo pensei que a miña actitude de reproche era quizais inxusta. Despois de todo, o Belga non tiña por que estar identificado coas miñas teimas. ¿Por que pensar que fuxira do club só para amolarme? Quizais os motivos polos que se trasladara ó peirao eran máis importantes cós que a min me impedían desexar ningún traslado.

¿É pola espera, logo, polo que viñeches aquí?

Para decidir non agardar máis, contestoume.

Tan logo como decidira non agardar por máis tempo, aquilo polo que estaba agardando chegaría: só me quedaba por saber que era o que estaba agardando. Pregunteille:

¿Non o podo saber xa, que é o que agardas?

Dentro dun pouco, decidirei non agardar por máis tempo e o meu engano rematará. Desfareime de tódalas miñas impresións falsas. Isto é o que quero, botalas fóra de min. Así que xa estás enteirado do porqué da miña marcha e xa sabes tamén por que non podía aceptar ningunha invitación esta noite. Sabes xa todo.

De todas maneiras, non me explicou por que non se despedira.

Eu quedei un intre remoendo o que acababa de dicirme. Por fin, fíxenlle esta nova pregunta:

¿Tes algunha razón para poñer remate á túa espera hoxe..., xustamente unha noite que se che presentaba tan prometedora?

Deume por aí, digamos.

Seguidamente, preguntoume:

¿Que hora é polo teu reloxo?

Consulteino por primeira vez desde había non sei canto tempo.

As tres e media.

Pero moi ben puidese ser que a hora do meu reloxo e a hora da cidade aquela non coincidisen.

¿E polo teu?

Ningunha. Nunca levo reloxos nin calendarios.

Eu interrompín o paseo. O Belga fixo o mesmo, uns pasos máis adiante.

Escoita, díxenlle. Non acabo de entender ben iso da túa espera. Eu podo entender perfectamente que un estea agardando, imos poñer por caso, un tren –xa que vimos de facer unha viaxe en tren–, un tren que vén con retraso, e decida non agardar máis E VAISE. ¿Dáste conta? Decide non agardar máis E VAISE DA ESTACIÓN. Pero ti decides non agardar máis ¿e que fas? ¿Que pasa despois da túa decisión de non seguir agardando? Non te entendo, porque non vexo que pase nada. Polo tanto, é coma se non decidises nada. Ti non te vas de ningunha estación, non deixas de face-lo mesmo

que estabas facendo; entón ¿en que se nota que XA tomáche-
-la decisión de non seguir agardando?

É ben claro, contestoume. Notareino eu. Notarei que me
desfixen de toda sorte de impresións falsas. Deixarei de estar
enganado. Nada de extraordinario, como podes comprender;
todo o contrario, algo pefectamente natural, paréceme a min.

E rematou anunciando:

Agardarei ata as catro en punto.

6

Para ordenar o que está confuso, nada mellor que recom-
poñelo todo desde o principio, paso a paso; non son eu quen o
descobre. Tal é o que acordei facer.

Saes unha mañá da casa de G., dixen, convencido de que
todo rematara entre ela e ti por unha serie de razóns centra-
das na parella musulmana, o Estudiante Yemení e mailo Pe-
riodista Turco, e que a min non me parecen moi convincen-
tes. De repente, ó deixares atrás un parque...

Thornden Park, interrompeume o Belga.

Ó abandonares Thornden Park e meterte nunha rúa...

Clarendon Street.

Clarendon Street. Ó te meteres en Clarendon Street des-
cobres que G. e tódolos demais eran impresións falsas. Todo
era impresións falsas, ou ilusións, ou alucinacións, non sei
ben o que; levabas toda a túa vida enganado, e isto era un cas-
tigo...

Ou unha broma.

Ou unha broma non pesada, porque, despois de todo, a
historia tratoute bastante ben. Isto, polo que toca á primeira
parte da túa verdadeira historia.

Fixen unha pausa. O Belga escoitábame en silencio. Era
coma se eu estivese repetindo unha lección perante el.

A segunda parte descubríchela esta tarde, despois de ver
ó Estudiante Yemení en Sullivan Street, proseguín. Xa ves

que agora lembrei o nome. Descubriches que o teu engano pasaríache tan logo como decidas non agardar máis a que che pase... ¿Falo ben?

Pode que si, pero confuso.

Agora iamos paseando cara ó faro. Recordo que se acendeu –e apagou– por tres veces antes de eu continuar.

Pero o que che quero dicir é ben claro, repliquei. O que che quero dicir é, sinxelamente, que o teu descubrimento está montado no aire, que non ten base nin sentido, que non descobre nada.

O Belga mantíñase impasible, a pesar de que eu trataba de esmaga-la súa verdadeira historia. Pero, polo menos, seguía aparentando escoitarme. Animado por isto, díxenlle:

Contáronme o caso dun home que saíu ileso dun accidente de coche. Ileso fisicamente, non mentalmente. Porque se lle meteu na cabeza que era imposible non ter sufrido dano ningún despois dun accidente que deixara o seu coche feito pura chatarra. E deu en matinar que, aínda que a el lle parecía que nada cambiara, en realidade todo era distinto desde o accidente, e que xusto aquela falsa impresión de continuidade era a consecuencia, a clase de eiva que o accidente lle producira. Total, que tiveron que metelo nun manicomio. ¿Compréndelo que che quero dicir?

Só comprendín o do manicomio.

Ben, pois para poñer outro exemplo, repliquei rapidamente, nós podemos imaxinármonos vixiados neste mesmo intre por unha persoa invisible, pero ¿que gañamos imaxinando iso?

Nada, dixo o Belga.

Non che quero dar máis a lata; unicamente dicirche que se a pesar de todo insistes en que non tes máis que impresións falsas, ¿que se lle vai facer?; pero ¿por que non segues coa túa vida de sempre?; quero dicir, sen agardar nada especial para dentro de media hora...

Te-la cabeza ateigada de teorías, reprochoume el.

Logo declarou:

Detesto as teorías. Cando estudiaba tiven que aprender centos delas, e tiven que aprender tamén a rebatelas, todas menos unha ou dúas[15]. Por sorte, esquecín tanto as teorías coma a maneira de rebatelas.

Chegaramos unha vez máis ata o remate dun paseo. Pero agora o Belga non deu a volta para empezar un novo paseo. Quedou parado xusto no límite do peirao. Se estivese buscando un sitio axeitado para chimparse de cabeza á auga, non atoparía outro mellor.

Eu aproveitei a oportunidade para escudriña-la auga que tiñamos debaixo. Lavaba moito tempo desexando facelo.

Por raro que pareza, non vin sinal nigún dela. Supuxen que o peirao era moito máis alto do que eu calculara. Así e todo, nunca dubidei de que houbese realmente auga aló embaixo, nin de que estivesemos rodeados polo mar.

De súpeto, propuxo o Belga:

Será mellor que nos sentemos.

Era unha boa idea. Sentámonos alí mesmo, no límite do peirao, coas nosas pernas penduradas a moitos metros sobre o nivel do mar.

Pregunteille ó Belga:

¿Pensas que a túa espera ha ser máis levadeira estando eu contigo?

Non creo: non ha ser aburrida en ningún caso.

E o Belga engadiu:

Como xa sabes, podes deixarme así que atopes algo mellor que facer.

Si, ben sei, dixen.

7

Primeiro botei de menos un cigarro. Despois, algo de co-

---

[15] Posible referencia ós pensamentos de Aristóteles e Sto. Tomás de Aquino, tradicionalmente favorecidos pola Igrexa Católica.

mer. Foi natural. Pasaran moitas horas desde que xantara por última vez. Nós, non fai falta dicilo, non tiñamos nada que levar á boca, nin vira eu, durante as miñas camiñadas pola cidade, ningún restaurant, nin tampouco calquera outro tipo de establecementos onde, polo menos, despachasen hamburgers[16] ou eses socorridos pratos italianos como pizzas e demais. E non é que sentise unha fame aguda, pero, sen dúbida, daríalle a benvida a un abondoso prato de comida se mo servisen.

O caso é que lle preguntei ó Belga:

¿Non che gustaría comer algo?

Pulpo*.

Pronunciou esta palabra moi baixiño. Pero non foi por isto polo que case non a entendín, senón pola rareza da resposta. Pulpo.

El xa mencionara este molusco, acordábame ben, xuntamente coas langostas, como exemplos de animais con aspecto que dificilmente poderían despertar simpatía; pero era verdadeiramente intrigante que o mencionase de novo xusto cando falabamos de comida.

¿Dixeches pulpo?

El asentiu cun movemento case imperceptible de cabeza.

É francamente curiosa, a túa ocorrencia, comentei.

Non me preguntou por que era tan curiosa.

Continuei:

Si, francamente curiosa, porque, ¿comprendes?, un dos rasgos máis típicos dos meus paisanos é o de considera-lo pulpo coma unha das comidas máis exquisitas, coma unha verdadeira regalía.

O mesmo podía dicir eu, supoño, case murmurou o Belga.

---

* *Traducín agora octopus* por "pulpo" e non por "polbo", e poño yemení en vez de iemení, por razóns que non paga a pena explicar. (Nota do Traductor).

[16] *Hamburgers:* hamburguesas.

Eu vin de seguida o que significaba aquilo; de seguida. Aquel si que era un descubrimento, un descubrimento sensacional.

O estranxeiro excéntrico en ideas e conducta que se achegara a min despois de eu pasa-la tarde toda cun paisano polo Greenwich Village, non era senón outro paisano máis, aterrado tamén en New York City.

Tal era o descubrimento: o Belga resultara ser outro paisano meu.

¿Así que...?

Interrompinme a min mesmo. Non era doado para min dixerir aquela sorpresa.

O Belga, mentres tanto, permanecía calado.

Pensei que era mellor ir preparando pouco a pouco o camiño para que a conclusión final fose pronunciada conxuntamente por nosóutro-los dous.

Escoita, empecei. ¿Un terreo arcaico...

A dicir verdade, o meu comezo fora realmente desafortunado, pensei de contado; mais aínda engadín:

... á beira do océano?

¿A beira do océano? Non é unha situación moi orixinal, comentou o Belga.

Aquel comentario estaba destinado, de fixo, a desinfla-lo meu pulo inicial, pero eu decidín non me dar por enteirado. Non obstante, collín outro vieiro:

¿Coñéce-las Sagas[17] escandinavas?, pregunteille (xa que era tan nórdico).

Farling à bøye seg ut.

Traduce, pedinlle.

Máis ou menos, é perigoso asomarse, en noruego. Un aviso nos trens, como sabes. Unha tarde, despois de cruza-lo Akerselva, un regato namais, poucos pasos son necesarios para pasar sobre el camiño do Oslo Este, onde se encontran algunhas rúas pobres, longas, estreitas e desertas, tan preto,

---

[17] Sagas: relatos épicos medievais escandinavos.

pero tan distantes do resto da cidade, coas casas baixas e mesmo algúns pequenos humildes xogando solitarios nas aceras, coma nas vilas, se cadra cos primeiros letreiros luminosos, tan disonantes no ambiente aquel, acendéndose...

Non divagues, fai o favor. É moi importante o que che pregunto.

Ben, non lin ningunha Saga.

Pero liches moita historia ultimamente. Pois o caso é que o rei Ricardo III de Inglaterra...

Agora paroume el a min, quizais en vinganza:

Non me interesan as pelexas familiares das casas reais, a pesar de ter folleado algo de historia estes días.

Despois preguntoume:

¿Cantas Sagas liches ti?

Afortunadamente, o mesmo Belga interrompeume de novo, descargándome así de ter que darlle unha resposta. Dixo apuradamente, como de mala gana, e querendo, sen dúbida, despachar canto antes aquel interrogatorio, ou aquela ameaza de interrogatorio:

Okay, quizais tes razón; pode que sexamos do mesmo país, se é iso o que queres dicir.

¡Pois claro que teño razón!

Insisto no difícil que me resultaba asimilar un cambio tan grande: un desconcertante estranxeiro transformado en membro da miña propia tribu.

Aínda máis: anque, sen dúbida, máis novo ca min, era membro tamén da miña propia xeración, o que implicaba, probablemente, un mesmo enfoque dos problemas do noso país e do noso tempo.

¡Claro que teño razón!, repetín.

E logo púxenme a falar embarullada e contradictoriamente:

Despois de todo, non é tan raro que nin ti nin eu nos decataramos da nosa común orixe. Pero sen querelo, temos que ter manifestado moitos indicios deste feito, aínda que no momento nos pasasen desapercibidos. Pero aínda podo detectar

algúns, paréceme. Por exemplo, a maneira como te achega-
ches a miñ e me aconsellaches non seguir esperando, como
guiado por un instinto que che dixese que eu non era un pea-
tón calquera vagando polas rúas de New York... Ademais,
unha noite tan importante para ti... E ¿por que tiñas tanto re-
ceo en falar das nosas nacionalidades? Pois, con seguridade,
porque escuramente comprendías que eran as únicas naciona-
lidades que che importaban realmente –e non falo de nacio-
nalidades legais– e, polo tanto, que aquilo non era para nós
un asunto trivial. ¿Non adiviñaches desde o principio que era-
mos paisanos, e non che producía isto emocións contradicto-
rias? ¿Non foron estas emocións contradictorias o que che im-
pediu dicirme como te chamas e querer coñece-lo meu propio
nome, e o que te rempuxou a revirar de inmediato a miña tar-
xeta de visita?

E, pasando á historia... Esa visión da historia coma unha
longa lista de batallas, de gañadores e perdedores, de heroes
e cobardes, non pode ser froito exclusivo das túas lecturas na
N. Y. Public Library, senón das infinitas horas de colexio que
todos padecemos... E o mesmo vale do que me deches a en-
tender –que che ateigaron a cabeza de refutacións de todo
canto non afirmaron un par de mentes milagrosas, as únicas
en toda a historia do pensamento capaces de non desbarrar...
E a túa referencia ó culleus ¿non demostra que pasaches por
unha facultade de dereito e que encontráche-los estudios tan
aburridos como para sentirte sen azos para supera-lo primeiro
curso? ¿Non foi iso do culleus o único que che chamou algo a
atención de todo o que che fixeron estudiar aló? E logo,
abandonada a carreira, quedaches literalmente sen porvir;
nin tan sequera tiñas aquel porvir problemático dos licen-
ciados en dereito dispostos a investir doce horas diarias,
durante anos seguidos, en aprender a recitar de memoria có-
digos enteiros para gañar unha oposición. Coñezo moi ben o
lado malo da historia que che tocou en sorte: produce coma
unha sensación de claustrofobia... Seguramente tomaches de
inmediato a decisión de marchar do noso país para sempre...

E desde aquela andas pola Área Protestante, como ti dis, a tombos de capital en capital, de traballo en traballo, irremediable estranxeiro, cidadán imposible dos países que amas... Tamén podía falarche da túa maneira de pronunciar certos nomes como Cabo Cañaveral, ou o nome dalgunha rúa da cidade de G., aínda que tratabas sempre, nestes casos, de forzar un acento inglés; e do teu desprecio por reloxos e calendarios, proclamado coma se fose unha marca de superioridade, e en contraste coa túa admiración pola rapidez e puntualidade dos autobuses Greyhound; e das túas conxecturas sobre os motivos que levaran á nai de G. a visita-la súa filla no seu apartamento; e da túa evocación da risa do Amigo Alemán ante certa confesión de G.; e da túa actitude ambivalente, fondamente desapegada e, ó mesmo tempo, de certa simpatía, co mundo de G. e cos Amigos Inglés e Alemán, actitude de outsider[18] esencial que se comporta coma se non o fose, coma a de tantos paisanos nosos; e ata das reminiscencias que che despertaron os nenos no Oslo Este de xogos infantís e vilegos...

Arroutada de entusiasmo; borracheira de palabras. Pero aínda non parei aquí.

Seguía falando, ou tratando de falar, en inglés; mais atento á primeira oportunidade que se me presentase de pasar á nosa vella, esquecida, prohibida fala materna.

Borracheira de palabras; aínda non parara:

Hai países negativos, seguín, países que, se queres describilos, obrígante a usar constantemente termos negativos. Así o noso, negando o sol, as guitarras, a festa sanguenta, os dogmas, a paisaxe dos veciños.

E tan negativos son que ata fan o imposible por nega-lo seu propio ser negativo e por chegar a seren exactamente igual cós outros. Países negativos. ¿Non dixeches ti mesmo que es de nigures? E dime ti, ¿quen, se non nós, que outra clase de compatriotas podían ter paseado varias horas comuni-

---

[18] *Outsider:* forasteiro, non encaixado autenticamente no seu medio.

cándose nun idioma estranxeiro, referíndose a Oslo Este, a
Thornden Park, ou a amigos ingleses e alemáns, e só ó final,
non sei por que rara casualidade, sae a relucir unha arcaica
comida chamada pulpo?

Borracheira de palabras; arroutada de entusiasmo: oco-
rréuseme facer de xeneroso salvador, desenrolando nada me-
nos que unha alegoría, a pesar de que son inimigo de alego-
rías, simbolismos e metáforas. Esperaba que poidesemos co-
roa-la noite cantando a dúo algún dos nosos cantos folklóri-
cos. A alegoría foi esta:

¿Acórdaste do mito do que che falei, no que había unha
rexión superior e verdadeira, unha falta, un castigo? Pois esa
rexión superior e verdadeira é o teu país, o noso país; esa fal-
ta, a túa ruptura con el, o telo abandonado para sempre; ese
castigo, o teu andar vagando continuamente por un mundo
alleo que nada significa para ti, que non constitúe para ti máis
que un conxunto de impresións falsas que nada che importan,
cada vez máis cara a un norte máis lonxe de ti mesmo... O re-
mate do teu castigo ocorrerá tan logo como decidas non espe-
rar por máis tempo e regreses para a túa terra; e esta si que
é unha espera, unha segunda parte da túa verdadeira histo-
ria chea de sentido: decides non agardar máis E VOLVES,
¿dáste conta? E cando esteas entre os teus o mundo deixará
de parecerche enganoso: será o teu mundo; sentiraste ligado
a el indisolublemente. Todo recobrará o seu propio lugar, a
historia, a ciencia, o pulpo e as langostas e as manthis e os ga-
tos e, sobre todo, as vacas... e mesmo a lembranza de G. e de
tódolos outros, para así poder senti-la diferencia entre o es-
tranxeiro e o propio.

Tal foi a miña alegoría. Pareceume daquela brillante;
agora vexo que non era nin orixinal.

O Belga aturara en tranquilo silencio toda a miña borra-
cheira verbal. Aínda agora, despois de eu remata-la alegoría,
tardou algún tempo en rompelo.

Mais as súas primeiras palabras foron coma un vento
xeado que me entrase polos oídos.

Deixei ese país ós vinteún anos, e non tiven endexamais o menor desexo de retornar a el e de vivir con aquela clase de xente, dixo.

A súa voz soaba baixa e cortante. Mesmo tiven a impresión de que experimentaba certo pracer en esmaga-la miña borracheira.

¿Por que dis aquela clase de xente?

Aquela incrible clase de xente, insistiu.

Entre esa xente están os teus devanceiros, supoño.

¿Os meus devanceiros?, repetiu coma se lle fixese moita gracia a miña observación.

E seguidamente, en ton conclusivo, dixo:

O país onde eu nacín non significa absolutamente nada para min. Podía ter sido outro calquera.

Tratando de ser sarcástico, comentei:

Ti es un estranxeiro sen referencia a ningún país determinado, ¿non es?

Xusto, dixo.

Por un anaco, quedamos dobrando o silencio circundante co noso propio silencio.

A miña atención estaba toda concentrada nas agullas do meu reloxo: estaba pendente de que marcasen as catro menos dez en punto. É ben sabido que, en tales casos, os minutos vólvense séculos. Pero, por fin, marcaron esa hora.

Entón informei ó Belga:

Faltan namais dez minutos para as catro.

Moi ben, dixo con toda a calma.

Erguémonos case ó mesmo tempo.

Un frío lento e disimulado estivera meténdose no meu corpo mentres estiveramos sentados. Agora botaba de menos un abrigo, ou aínda que nada máis fose unha gabardina coma a do Belga.

¿Aínda consideras como hora-límite as catro en punto?

Si, afirmou.

Pois xa sabes: só dez minutos.

El non replicou.

Supón que nada pasa, suxerinlle.

¿Para que? Agardarei ata as catro.

¿E despois?

Non pareceu comprende-la miña pregunta, así que agreguei:

Quero dicir: ¿Que vai pasar o remata-la túa espera.

Xa o sabes.

¿Desaparecerán tódalas túas impresións falsas?

Iso mesmo.

Agora pregunteille:

¿Tamén eu son unha impresión falsa?

Desde logo.

¿Queres dicir que vou desaparecer ás catro en punto o máis tarde?

Quedou ollando para min, coma se de súpeto acabase de decatarse da miña presencia.

Por fin díxome:

¿Que querías logo? ¿Ou é que tes algo mellor que facer?

As súas palabras permaneceron case suspendidas no aire, como para facer dura-la miña humillación por máis tempo.

Dígame: despois de telo seguido durante tantas horas (deixemos á parte a circunstancia de sermos compatriotas), ¿era aquela pregunta insultante a despedida que eu merecía?

¡Teño!

Foi rapidísimo. El estaba no borde do peirao, de maneira que, aproveitándome das nosas situacións, deille co meu pé dereito un rempuxón forte e súpeto no cu antes de rematar de pronuncia-la devandita exclamación (no caso de que eu a pronunciara realmente, en vez de só pensar en pronunciala) –e aló embaixo caeu o Belga coa súa gabardina brillante coma un lóstrego branco, sen emitir nin un berro. Por raro que pareza, eu non sentín o golpe que debería ter producido ó bater contra a auga– seguramente porque estabamos tan altos.

Nada pasou, á parte da súa caída, como, por outra parte,

era de esperar. Quedou o ambiente tan tranquilo e calado coma antes.

Ou, mellor dito, si rexistrei un cambio mínimo –un só. A pequena luz vermella do faro deixou de escintilar ó lonxe.

8

Voltei á cidade. Camiñei de novo polas rúas, mais agora sen ninguén a quen buscar, sen ningunha meta.

¿Ningunha meta?

A verdade é que escuramente esperaba desembocar diante do night-club. Claro que a miña entrada no night-club por segunda vez non implicaría necesariamente o encontro, tamén por segunda vez, da nosa amiga. Mais era igualmente claro que non había atopala en ningunha outra parte.

Quizais, en vez de buscala, mais ben debería evitala. ¿Non acababa de eliminar a unha persoa pola que sentía ela un interese manifesto?

Así e todo, eu non podía xulga-la miña acción como un crime. Si, tirara ó Belga ó mar nun arrouto de furia, pero o meu rempuxón, á fin de contas, beneficiárao. Explicareime.

En efecto, xa que o Belga non podía oírme, díxenlle mentalmente:

Ti non querías agardar máis que ata as catro; pero eu estaba seguro de que ás catro non ía pasar nada. De non ser polo meu pé, a túa agarda continuaría. Así que o único que fixen foi darlle remate uns minutos antes da hora-límite.

Algún papel importante tiña que xogar esta noite. Outramente, o tempo todo que levaba gastado contigo sería enteiramente inútil.

Desde logo, o remate da túa espera foi todo o contrario do que ti te figurabas. Ti pensabas que todo (eu mesmo incluído) ía esvaerse, agás ti. E resulta que soamente ti te esvaíches.

Todos podemos prescindir moi ben de ti. Todos: é dicir,

tamén aqueles ós que non podo ver. G. estará durmindo, non descarto que co Periodista Turco; o Estudiante Yemení, argallando en silencio o desprazamento do seu novo rival –agora xa non tan novo–; o Amigo Inglés, algo máis cabreado que onte, pero menos que mañá, polo rumbo que vai tomando América; o Amigo Alemán, na fase máis violenta e apoteósica do seu raid nocturno.

E, polo que a min toca, aquí me tes camiñando tan campante por estas rúas, todas diferentes e todas iguais.

Non rexistro na cidade ningún cambio, non sendo que me parece que apagaron a metade das luces públicas. Unha medida ben razoable, porque debe de ser xa moi tarde. Tamén diría que o frío é algo máis intenso.

Todo segue igual. Quizais mesmo o faro volveu funcionar.

9

As miñas voltas pola cidade durarían tanto coma a miña resistencia física se, por casualidade, os meus pasos non me conducisen á estación de ferrocarril.

Si, cando baixaba por unha rúa coma todas, encontreime diante da estación. Foi tan inesperado coma cando descubrira o mar, o peirao e ó Belga.

Coa diferencia, claro é, de que agora non estaba o Belga. Por alí continuaba todo deserto.

Entrei na estación pola porta principal, aberta de par en par.

Mirei para enriba case instintivamente, como en procura de calquera dos obxectos que soe exhibir unha estación de tren –un reloxo, o letreiro co nome da cidade, un detalle calquera polo estilo–. Pero nada vin. Só unha serie de fiestras tapadas por verdes persianas.

Así e todo, algo moi notable agardábame alí: o tren.

O tren interminable, silencioso coma un réptil xigantesco aletargado baixo a luz abraiante.

Se hai un autobús a punto, cóllelo; se ves un tren que agarda, méteste nel –directamente se tódalas taquillas de venda de billetes están pechadas.

Así que non dubidei en subir de novo ó tren. Xa estaba farto da cidade.

Fun polos corredores de varios coches, ata que cheguei á porta dun departamento que me pareceu o mesmo no que viñeramos. Alí senteime. A cortina seguía descorrida.

Ó cabo duns minutos quedei durmido. Cando despertei, encontreime con que o tren avanzaba a toda velocidade, como ocorrera antes. E, igual que antes, non tiña idea do tempo que pasara durmindo.

Contemplei de novo a luz azul do departamento, tan feble, pero tan persistente.

Despois ollei a través da ventaniña. A escuridade era tan mesta como de costume. Ou quizais máis: efectivamente, o forte traqueteo do tren fíxome pensar que debiamos ir por un túnel.

De cando en cando voltaba a cabeza cara á porta do departamento, como coa esperanza de que entrase o Belga ou algún outro viaxeiro.

Desafortunadamente, era imposible. Polo que toca ó Belga, a causa está ben clara, imaxino. Polo que toca a outros viaxeiros, a causa non é menos clara: ninguén pode subir a un tren que non para, ou que para só en estacións desertas.

Se polo menos puidese botar un pito, pensei outra vez. Supetamente decateime cun sobresalto de ledicia de que aínda podía atopar no cinseiro as cabichas dos cigarros que fumaramos antes, abríndoseme así a posibilidade de fumar, se non un cigarro, si, polo menos, dúas cabichas. Case tremando de nerviosismo, abrín a tapa do cinseiro. Estaba baleiro.

Aquilo non demostraba que me equivocara de departamento, porque sobrar sobrara tempo para unha limpeza a fondo de todo o tren, por longo que fose.

Así que do Belga non quedaba nin a súa cabicha no cin-
seiro. O único que deixara era a súa verdadeira historia, ago-
ra en total desamparo –res nullius[19], diría eu, para vingarme
do seu culleus.

¿E se eu me apropiase dela?

En realidade, poucos cambios se precisaban para volve-
-la verdadeira historia aplicable a min mesmo. Non tiña máis
que concebir ó Belga coma un mensaxeiro enviado a min; de
maneira semellante, Thomas De Quincey[20] gustaba imaxinar
ó vendedor de drogas que, en Oxford Street[21], lle proporcio-
nara por primeira vez algo de opio, como a un drogueiro in-
mortal feito descender á terra nunha misión especial para con
el.

Unha vez cumprida a súa misión, o Belga retornara ó seu
punto de partida. O mesmo que o enviara xunto a min inspi-
rárame a min o rempuxón no cu polo que fixo a viaxe de vol-
ta.

Así que o Belga comunicárame a miña verdadeira histo-
ria coma se fose a súa verdadeira historia. Xa se sabe que este
tipo de mensaxes nunca veñen claras, senón que hai que des-
cifralas.

Eu era, polo tanto, víctima de impresións enganosas, im-
postas a min como castigo. ¿Que falta cometera? Quizais dar-
lle unha patada no cu a alguén moi importante; aínda que,
realmente, eu non adoitaba repartir patadas á xente; o meu
rempuxón ó Belga fora literalmente excepcional.

Ou quizais non fose un castigo, senón unha broma.

O intenso traqueteo das rodas persistía, pero non me
molestaba. Ó contrario, actuaba sobre min como música de
fondo.

O tren non era, certamente, o cumio de luxo e do con-
fort, pero, en comparanza con outros, parecíao. Por iso agora

---

[19] *Res nullius:* cousa sen propietario.
[20] Thomas De Quincey (1785-1859), escritor inglés autor de *As Confe-
sións dun Inglés Comedor de Opio.*
[21] *Oxford Street:* Importante rúa comercial de Londres.

non me dediquei a rememorar trens ingleses, senón outros
con departamentos provistos de dous bancos de madeira de
capacidade suficiente, segundo cálculo oficial, para dez pasa-
xeiros cada un, mulleres e homes, fumadores e non fumado-
res, fracos e obesos, todos rixidamente sentados, entalados
ata o punto de seren incapaces do menor movemento. Agora
ben, as vinte persoas sentadas en cada departamento eran con
diferencia os pasaxeiros máis felices, porque outros moitos
estaban condenados a soportar a pé toda a viaxe nos corredo-
res ateigados; de xeito que un tiña que abrir camiño por entre
eles a cobadazos para chegar, por exemplo, ata un daqueles
WC co chan sempre encharcado de mexos. Curiosamente,
aquelas condicións torturantes estaban acompañadas por ma-
ternais advertencias estratexicamente espalladas por todo o
tren nas que se informaba ós viaxeiros, quizais en varios idio-
mas –non en noruego–, que era perigoso saca-la cabeza por
fóra da ventaniña, ou que, en beneficio da saúde pública, es-
taba terminantemente prohibido cuspir no chan. No inverno
a temperatura dentro do tren era como a da noite xeada, e os
pés volvíanse insensibles co frío. Por outra parte, aínda que
as viaxes xa estaban programadas para tardar vinteocho horas
ou así en chegar a destino, de ordinario facíanse máis longas
aínda, porque o tren paraba de repente entre dúas estacións
distantes por causa dalgunha avería ou anomalía (habitual),
que igual producía retrasos de tres, sete ou dez horas. Isto,
supoñendo que non descarrilase.

Naturalmente, eu logo cansara do pasatempo de apro-
piarme da verdadeira historia do Belga. Pero non esquecín ó
Belga, e mesmo volvín pensar nos seus amigos. ¿Que lles di-
ría se puidese mandarlles unha carta?

A G., só que non abrigase ningunha esperanza de ato-
parse de novo co Belga nunha estación de autobuses.

Ó Estudiante Yemení, que o Belga nunca sospeitara a
súa paixón desesperada.

Ó Estudiante Turco, nada. (Así e todo, teño lido que o

idioma turco cae dentro da Turanian Branch of Languages[22],
na que tamén está incluído o finés. Seguramente o Belga non
sospeitaba esta afinidade).

Penso que o Amigo Inglés e o Amigo Alemán sentirían
un sincero interese pola sorte do Belga. Aínda que o primeiro
podía te-la cabeza demasiado fervente de obsesións para po-
der asimilar simples feitos. (Algo parecido dixera o Belga de
min, pero equivocadamente). Entre o seu fanático nacionalis-
mo e a total carencia de patriotismo do Belga había que en-
contrar prudentes termos medios. O malo é que os prudentes
termos medios soen ser moi aburridos, pensei.

Pasemos logo ó Amigo Alemán.

Pode que non lle calase o negro futuro que o Belga lle va-
ticinaba: suicidio ou mental hospital. Vaticinio que segura-
mente lle provocaría as súas potentes gargalladas –que non
significarían unha total incredulidade.

Despois referiríame ós versos que recitaba aquela tarde
no The Blue Angel:
Alles scheint vertraut, der vorübereilende Gruss auch
Scheint von Freunden, es scheint jegliche Miene verwandt.

Porque estes versos que insisten en que todo resultaba
familiar, os amicais saúdos da xente que pasa, os rostros que
se ven, estes versos suxiren (por contraste) unha experiencia
–o Asombro– capaz de botar por terra toda a verdadeira his-
toria do Belga.

Contaríao –o Asombro– valéndome do exemplo dun ci-
clista.

O ciclista, diríalle, pedalea lentamente costa enriba, máis
atento á paisaxe que á vella estrada intransitada, serpentean-
te por entre prados brillantemente verdes e dondos outeiros
inzados de soutos e carballeiras. Os prados, pequenos, están
separados por chantos verticais; en cada un deles, alleas ó
transcurso do tempo, pacen tres ou catro vacas. Sentado de-

---

[22] Turanian Branch of Languages: grupo de linguas, tamén chamadas
"uralo-altaicas", entre as que se inclúen o finlandés, o húngaro, etc.

baixo dun carballo, coas costas apousadas nun chanto e unha aguillada na man, un home cunha boina poeirenta e parda chaqueta de pana descolorida, criado de criados, olla, sen velas, para tres vacas –das que, en resumidas contas, tamén é criado–, tan alleo ó tempo, tan fundido coa terra e coa paisaxe coma o carballo, coma as propias vacas.

O ciclista baixa do seu modesto vehículo para botar un pito sentado sobre unha baixa parede de pedras que circunda un pequeno leiro, á beira da estrada. Contempla a paisaxe, que non pode ser máis familiar para el: é a paisaxe que ten que percorrer tódolos días na bicicleta; contempla logo unha enorme nube cárdena, perfectamente estática, como fixa sobre un ceo fondamente azul.

De súpeto, séntese desprendido de todo o pasado e do futuro, coma se estivese nun instante único, presente e discontinuo; sente, ou vive, que a nube é sorprendente; que as vacas, os prados, o paisano, a paisaxe enteira son sorprendentes e que non hai maneira de que deixen de selo; sente que el mesmo é sorprendente; non se trata propiamente dunha experiencia molesta, pero non quere deixarse levar por ela e pega unha especie de enérxico salto interno para retornar ó mundo familiar, que pode ser tan vasto e complexo como se queira, pero que está tan solidamente establecido que, unha vez nel, a un nunca se lle ocorre preguntarse pola verdadeira diferencia entre o que é familiar e o que non o é. A un nunca se lle ocorre pensar ou, mellor dito, sentir que non hai, no fondo, ningunha diferencia.

10

De súpeto peguei un brinco no meu asento, mais non para desprenderme de ningunha experiencia importante. Foi un salto gratuíto.

Quedei por algún tempo no centro do departamento, coas mans nos petos dos pantalóns e as pernas escarranchadas, para mante-lo meu equilibrio pese ó movemento do tren.

Toda a miña aventura co Belga podía ser sorprendente, díxenme; pero, despois de todo, o que parece que ten razón de ser non é menos sorprendente có que parece non tela.

Cando cansei de estar de pé, voltei para o meu asento. Tiña sono outra vez. Agora o ruído das rodas soaba como en campo aberto, polo que supuxen que xa sairamos do túnel.

Si, contaríao así, pensei de novo, o Asombro, co exemplo do ciclista. Pero ¿a quen llo contaría? ¿Ó Amigo Alemán? Desde logo, non lamentaba en absoluto non terllo contado ó Belga; non me tería feito o menor caso.

***

Quedábame unha dúbida. ¿Falaría o Belga en serio?

IV

City of the world! (for all races are here
All the lands of the world make contributions here)

WALT WHITMAN, *Leaves of Grass.*[1]

---

[1] "¡Cidade do mundo! (pois tódalas razas están aquí / tódalas terras do mundo fan aportacións aquí)", *Follas de Herba,* Walt Whitman (1819-1892), poeta norteamericano.

Como de ordinario, levanteime máis ou menos ás dez da mañá.

A miña habitación estaba, como xa dei a entender, no piso cuarto. Se mal non me lembro, predominaba nela unha cor escura. De cor escura era, efectivamente, a cortina sobre unha grande fiestra que daba a un patio, e tamén a moqueta do chan ou, se non había moqueta, a alfombra da cama. Finalmente, era tamén máis ben escura unha cadeira colocada ós pés da cama, cunha lámpada portátil á súa beira.

Antes de entrar no dormitorio propiamente dito, á dereita, estaba o meu cuarto de baño privado con auga quente a todas horas e sen pequenos papeis pegados nas paredes rogándolles ós hóspedes que aforrasen a maior cantidade posible de auga, coma os que vira no hotel, máis céntrico e máis caro, no que parara a raíz da miña chegada a Norteamérica –ben é verdade que isto ocorría despois dun seco verán.

Atendendo ó mostrador da recepción estaba un home duns trinta anos, xeralmente aburrido por falta de traballo, co que eu tiña algunhas breves conversas sobre dunha viaxe que el fixera por Europa dous anos atrás.

Do resto, eu nunca atopaba, como xa dixen, nin a outros hóspedes, nin a chamber-maids[2], nin a camareiras ou cama-

---

[2] *Chamber-maids:* camareiras encargadas do servicio das habitacións.

reiros, nin a ningunha outra clase de xente. Quizais isto fose debido ó tipo de vida que levaba eu –é dicir, a que facía un tipo de vida, digamos, pouco convencional. Eu saía do hotel arredor das dez da mañá coa certidume de que, ó meu regreso á noite, sempre tarde, encontraría a miña habitación feita e pasablemente limpa. É dicir, todo listo para botarme a durmir. E isto era todo.

¿Que fixen despois? Polo de pronto, sen dúbida, o que soía facer aqueles días despois de saír do hotel:

Primeiramente, tomaba un bo almorzo en calquera cafetería de Broadway. Despois, camiñaba cara ó Riverside Park e sentábame ó aire libre durante unha hora máis ou menos, contemplando o Hudson[3] aló abaixo, non moi lonxe; sentindo involuntariamente o rombar amortecido pola distancia do denso tráfico polo Henry Hudson Parkway[4], e tamén percorrendo as páxinas do The New York Times. No curso daquela rápida lectura (pois unha lectura detallada deste xornal levaríame case toda a mañá), atoparía probablemente exóticos nomes orientais: nomes coma Laos, Cambodia ou Vietnam, que nada significaban aínda, a non ser unha guerra colonial de Francia esquecida desde había moito –tan esquecida como o nome de Indochina; tan esquecida que o Belga e mais eu a deixaramos fóra da nosa lista– e rematada en Dien Bien Phu[5].

Despois, andaba de vagar cara ó Broadway central.

New York City era certamente un universo insondable. Por exemplo, un pasaba de cando en cando por diante de bares, ou restaurants, ou quizais clubes dun aspecto tan hermético, que un quedaba intrigado polo tipo de clientela particular que os frecuentaría. Pois, polo que toca a clientelas particulares, New York ofrecía, sen dúbida, máis posibilidades que ningunha outra cidade da terra. Desde gangsters e todo

---

[3] *Hudson:* o río de Nova York.
[4] *Parkway:* avenida.
[5] Dien Bien Phu: Batalla crucial, en 1954, da guerra colonial de Francia en Indochina, antecedente da guerra dos EE.UU. no Vietnam.

tipo de maffias, se un pensaba mal, ata, sendo ben pensado, membros de pequenas comunidades como, ocórreseme agora, albaneses ou lituanos; ou armenios ou curdos.

Unha vez no Broadway central, resultábame difícil non botarlles unha ollada ós grandes carteis dos diferentes espectáculos, aínda tendo feito o mesmo xusto a noite anterior.

Os juke-boxes emitían incesantes sucesións de rocks. Tamén soaba gran cantidade de música latinoamericana, que era a habitual nas moitas cafeterías con presencia portorriqueña.

De vez en cando tropezaba un cunha banda negra de jazz tocando nas rúas por libre. Quen sabe se un novo Louis Armstrong[6] estaba principiando a súa carreira nunha daquelas orquestras, pensaba eu.

A vitalidade, a variedade, o movemento de Manhattan, constituían unha fonte inesgotable de admiración.

En vista daquela xigantesca confluencia de xentes e de razas (si, era como para lembrar ó Amigo Inglés e as súas teimas), algúns dos prerrequisitos necesarios –máis de ningún xeito suficientes– para obter un visado de inmigrante nos Estados Unidos deixábano a un confuso.

Porque xa non era só toda a colección de documentos e certificados, xurídicos e políticos, algúns deles literalmente imposibles (por exemplo, a policía inglesa, moi civilizada, non expedía certificados de boa conducta porque, en principio, dábaa por suposta), nin as vacunacións, exames médicos, radiografías e demais, senón tamén aqueles impresos minuciosos que había que cubrir, nos que lle preguntaban a un pola cor do seu cabelo; pola súa estatura; pola cor dos seus ollos; pola súa tez; polos seus lugares de residencia durante seis meses ou máis tempo desde o seu decimosexto cumpreanos; preguntábanlle a un tamén se era un indixente, un mendigo profesional ou un vagabundo; ou se estaba ou estivera

---

[6] Louis Armstrong (1900-1971), célebre trompetista e cantante negro de jazz.

algunha vez aqueixado por algunhas psicopatía da personali-
dade, ou por epilepsia, ou por outro defecto mental, ou por
paroxismos, desmaios, convulsións ou neurastenia; e se ía ós
Estados Unidos para se dedicar á realización de actos sexuais
inmorais; e se era, ou fora antes, anarquista, partidario da
oposición a todo goberno constituído, partidario do comunis-
mo, etc., etc.

De todas maneiras, quizais os homes da Área Protestan-
te eran, despois de todo, en conformidade cos desexos do
Amigo Inglés, o poder dominante naquela acumulación abru-
madora de xentes e edificios: firmiter regentes, occulteque
dominantes[7], non só sobre o resto dos Estados Unidos, senón
tamén sobre aquela aparente –acaso só aparente– confusión
de Manhattan.

***

¿Demos chegado a Times Square? Teño as miñas dúbi-
das. Segundo lin algúns anos despois, as xentes que daquela
adoitaban desembocar na noite de Times Square eran, entre
outros moitos, soldados, mariñeiros, hoodlums[8], rapaces la-
vadores de pratos nas cafeterías, hitchhikers[9], bébedos, ne-
gros, chinos, portorriqueños, mecánicos norteamericanos
mozos vestidos con chaquetas de coiro... ¿Pertencería o Bel-
ga a algunha daquelas clases de xentes? Eu non diría que isto
fose imposible.

Espero que Vde. non se apure a concluír falsamente que
a miña aventura co meu amable conselleiro da (suposta) pa-
rada de autobús foi só un soño que tiven mentres durmía no
meu hotel, ou algún efecto do whisky que estivera bebendo

---

[7] *"Firmiter regentes..."*: "Dirixindo con firmeza e dominando oculta-
mente". Hai unha divisa famosa que di: *Suaviter in modo, fortiter in re*
("Suavemente na forma; con enerxía no fondo").
[8] *Hoodlums:* gangsters, matóns.
[9] *Hitchhikers:* practicantes do auto-stop.

polo Greenwich Village. Os únicos posibles efectos deste estarían se acaso relacionados coas miñas dúbidas acerca da parada, como xa dixen. E aínda hai que ter en conta que os indicadores neoiorquinos de parada de autobús son, ou eran daquela, un tanto confusos; é un feito recoñecido. No tocante ós meus soños, a min endexamais se me ocorreu poñelos por escrito, nin os naturais, nin –se é que algunha vez os experimentei– os provocados polo alcohol. Os soños son infantís, tolos, extremadamente aburridos, alomenos se un non é un C.G. Jung[10] para interpretalos.

Eu só quería contarlle aquela noite en New York, xa tan lonxana, e así é como eu a lembro, e non a podería contar máis que así, non sei ben por que. Sinto remata-lo meu relato con outra nota negativa; pero non é por culpa miña que sexa moito máis doado dici-lo que as cousas non son que dici-lo que son.

E xa para poñer fin a todo isto, só me resta contar, e agora podo facelo libre de toda dúbida, que aquel día, antes de me dirixir cara ó Village, pasei arredor duha hora inspeccionando a actividade indefectible da Port Authority Bus Terminal e que, pola noite, xa tarde, cando xa estaba resolto a regresar para o meu hotel, aínda perdín algún tempo buscando algunha parada de autobús afastada e deserta, e que por fin atopei unha, pero a rápida chegada dun autobús rumbo a Times Square deixoume sen ningún pretexto para seguir agardando por alí nin un minuto máis. O tempo era fermoso e, non é necesario dicilo, non vira en todo o día a ninguén que levara unha gabardina branca.

---

[10] Carl Gustav Jung (1875-1961), suízo, unha das figuras principais da psicanálise.

tizar ó Narrador-Coprotagonista do relato. Chamareille o Na-
rrador sen máis, para non demorarme neste asunto. O caso é
ter un nome, porque eu si que non me afago sen nomes pro-
pios. Pero sigamos co Belga.

Velaquí algunha das súas opinións: a lúa, vista de cerca,
é fea –sen dúbida, non todos estarán de acordo–; a historia, de
cerca ou de lonxe, é inxustificable –seríao aínda supoñendo
que obedeza á lei do progreso, pois o nivel de progreso conse-
guido en cada caso polo devir histórico non beneficiará en
nada a tantas e tantas xeracións precedentes cruelmente trata-
das polo destino. Continuemos coas opinións do Belga: o de-
senrolo científico pode desembocar na máxima ridiculización
do home –parece que o Belga pensaba en certos perigos da en-
xeñería xenética, para usar unha denominación hoxe de
moda–; as langostas, o pulpo –vivos, non cocidos ou servidos
nun prato– son exemplos do pouco simpáticos que poden re-
sulta-los súbditos do reino animal; hai unha inxustiza básica
no feito de que unha araña non puidera evitar ser araña: é di-
cir, non é só que non lle pedisen permiso para existir, senón
que tampouco lle deron a oportunidade de escoller especie,
cando é claro que unhas especies o pasan mellor que outras.

De maneira que o universo, digamos, astronómico, a his-
toria, a ciencia, o reino animal e vexetal, non eran do seu gus-
to, do gusto do Belga. E cando este dicía que nada de canto o
rodeaba –incluídos G. e tódolos demais– tiña razón de ser,
quería dicir no fondo, paréceme, que nada satisfacía o seu gus-
to na medida suficiente para que merecese ser. Polo tanto, pen-
saba o Belga, nada de canto o rodeaba existía realmente. É di-
cir, seguía pensando: el estaba sufrindo un castigo, non sabía
ben por que, consistente en vivir nun mundo falso. Ou quizais
non fose un castigo; se cadra alguén estaba gastándolle unha
broma, continuaba especulando o Belga. Tal era a "primeira
parte" da súa "verdadeira histoira".

Eu supoño que, no relativo á broma, o Belga non admi-
tiría que o gracioso que lla estaba gastando fose aquel malin

génie imaxinado polo ilustre practicante da dúbida metódica[2]*, o cal divertiríase infundíndono-lo sentimento de que hai ceo, terra, corpos extensos, figuras, lugares, cando realmente non os hai. Quizais un xenio ou un trasno fose algo incorpóreo de máis para o Belga. Máis aceptable para el como bromista podería ser, por exemplo, un ignoto hipnotizador que o tivese collido nas súas artes, someténdoo ininterrompidamente ó seu influxo.*

Vivía, pois, o Belga, segundo a súa propia explicación, nun estado de alucinación permanente. Pero do que nunca dubidou en absoluto é da súa propia existencia. Negáballe realidade a todo o demais, porque non chegaba ó grao de perfección por el requerido; pero el, polo contrario, debía de considerarse perfecto: el si que era do seu propio gusto. E cando o Belga dicía eu parecía querer dicir: eu tal e como agora son; coa miña cabeza, as miñas mans, os meus pés; con tódolos meus órganos.

Pode que este aniquilamento (mental) do que non nos satisfai, que este solipsismo[3]*, non sexa senón outro máis dos mecanismos de defensa dos que falan os psicólogos*[4]*. Mesmo as inimaxinables distancias astronómicas quedan deste xeito anuladas, reducidas a falsas ideas ou impresións dun eu non disposto a admitilas. Soamente o eu fica inconmovible. Certo que un tanto humillado, castigado ou burlado, sufrindo algo así como unha alucinación permanente e total; pero mesmo a victoria sobre este castigo, ou sobre a broma, depende só, en fin de contas, do eu omnipotente. Porque así que o Belga decidise non agardar por máis tempo a toma-la resolución de poñer fin*

---

[2] Referencia ó filósofo francés **Renato Descartes** (1596-1650), o cal, coa fin.de alcanzar verdades absolutamente seguras, resolve non conceder como verdadeiro nada no que vexa o mínimo motivo de dúbida, e chegou a imaxinar como tal a posibilidade de que un xenio maligno engane insensiblemente as nosas mentes cando máis confiadas están na posesión dunha verdade.

[3] Solipsismo: teoría segundo a cal o único que existe realmente son eu mesmo.

[4] Mecanismos de defensa: recursos que usamos inconscientemente para xustificarnos ante nós mesmos.

*ó seu engano, o efecto desexado tería lugar inmediatamente.
Isto era, se non me equivoco, a "segunda parte" da súa "ver-
dadeira historia". Ordenaría, digo eu, algo semellante a isto:
"¡Fóra coas falsas aparencias!" –e as falsas aparencias fuxi-
rían como unha bandada de paxaros espaventados, mentres
que el quedaría exactamente igual, inalterado, mais agora non
sometido a ningún castigo, ou a ningunha broma– ou a ningu-
na hipnose.*

*De acordo co relato do Belga, o descubrimento de que el
estaba rodeado de falsas realidades fixérao ó saír de Thornden
Park, xusto cando desembocaba en Clarendon Street, aquela
mañá xeada na que el se separara definitivamente de G., dei-
xándoa, segundo el, en brazos do Periodista Turco. Non sei se
un descubrimento desta categoría pode xurdir de maneira tan
puntual. Paréceme difícil. Pero o que agora quero subliñar é
que esta desprezativa negación do mundo en que consistía a
"verdadeira historia" do Belga –ou a primeira parte del– só
pode proceder dunha persoa, non xa "fondamente desapega-
da", como o propio Narrador calificou a actitude do Belga, se-
nón, diriamos, absolutamente desapegada porque ¿quen máis
desapegado ca el, desertor da súa familia, do seu país e da súa
xente –"aquela clase de xente", dicía sarcasticamente– ós vin-
teún anos, sen nunca ter sentido o desexo de regresar e que,
por outra parte, aquela mesma mañá abandonaba a G. tamén
para sempre –aínda que tampouco estivera nunca verdadeira-
mente unido a ela?*

*A mesma alegoría sobre a fuxida da terra natal improvi-
sada polo Narrador confirma no fondo o meu punto de vista.*

*Insisto: tan grande disparate –falo da "verdadeira histo-
ria"– só pode se-lo froito dun total desarraigamento; tan insó-
lito desprezo da realidade é planta que ten como raíz xusta-
mente a falta de raíz. E ben merece o calificativo de repelente
para os que pensamos que o único valioso, importante e inte-
resante é incuestionablemente a realidade.*

***

A alegoría sobre o abandono da terra natal era un intento de explica-lo desvarío do Belga e tamén unha proposta de solución: o retorno ós eidos nativos. Pero, evocado polos versos de Hölderlin que o Amigo Alemán gustaba recitar no bar The Blue Angel, latexa un ataque contra a "verdadeira historia" máis aleivoso e eficaz, como o propio Narrador apunta. Ataque tardeiro, puramente imaxinativo: efectivamente, o Narrador xa non podía guindalo contra o Belga, porque xa o eliminara e agora ía no tren solitario e por segunda vez. Pero tampouco se queixaba desta circunstancia, penso que con razón: non só porque o Belga non lle tería feito ningún caso, senón tamén porque era, o ataque, francamente incompatible coa actitude asisada, de sentido común, que el, o Narrador, estivera propugnando frente ó seu compañeiro de viaxe.

En resume, o ataque era así:

O Belga non se decataba de que un mundo digno, para el, de ser verdadeiro non sería en absoluto un mundo menos inxustificable, menos gratuíto e menos sorprendente có que el rechazaba. Porque se inxustificables e gratuítos eran, por exemplo, aquela cidade mergullada en luz inútil e aquel longo tren baleiro correndo a toda velocidade na noite, o mesmo poderíase dicir, en realidade, de CALQUERA outro mundo. Para sentilo –si, sentilo– así, o principal era concentrarse no instante, ata lograr desconectalo da corrente do tempo. Entón mesmo as nubes máis familiares vólvense presencia incomprensible e asombrosa e mesmo o propio eu convértese nun perfecto e absoluto estranxeiro para el mesmo. Isto era, se non entendín mal, o que o Narrador chamaba o Asombro.

Extravagantes historias. Cando o pensamento deixa de exercitarse sobre materia concreta; cando perde o contacto coas cousas para moverse no baleiro como especulación ociosa, enxendra monstros. O Belga parecía falar (tamén o Narrador; os monstros deste eran enxendrados, moi a pesar del, por influxo dos do Belga) de sentimentos e certidumes, mais el mesmo distinguía entre o que sentiu e o que logo pensou sobre o que sentira; non deixaba, pois, de teorizar.

A un suxeito como o Belga compréndoo moi ben vagando pola noite de Manhattan; pero aquel tren veloz con só dous pasaxeiros –eles–, e aquela cidade autosuficiente, inhabitada, enteiramente deshumanizada, eran un salto cualitativo, como din os pedantes; eran o marco perfecto para aquel "estranxeiro sen referencia a ningún país concreto", para aquel "outsider esencial"; ¿que outro mundo podía merecer?

Pero ¿quen era o Belga? Desde logo, non era ningún mensaxeiro como o imaxinado por Thomas De Quincey, fantasía que o propio Narrador non tomou máis en serio que De Quincey a del. Pero non seguirei discorrendo sobre este asunto. Certamente, é máis fácil dici-lo que algo non é que dici-lo que é. O Narrador escribiu: "Eu só quería contarlle aquela noite en New York, xa tan lonxana, e así é como eu a lembro, e non lla podía contar máis que así, non sei ben por que". Pola miña parte, eu só quería explicar por que me parecen francamente repelentes a maioría das ideas vertidas no relato; non sei se o conseguín.

O Traductor

P.D. Despois de rele-lo que antecede, debo confesar que non o encontro nada sólido. Por exemplo, o desarraigamento, o cortar coas raíces, ¿non é tamén unha liberación? E dúbidas semellantes, ou non tan semellantes, no demais. Do único que sigo seguro é de que as ideas expresadas ou suscitadas polo Belga me resultan, non podo remedialo, repelentes.

O Traductor

GLOSARIO

abraiante: pasmoso, asombroso.

acenar: facer sinais coas mans, etc.

albiscar: Ver algo con dificultade.

arroutada: arrinque impulsivo.

axexo: estar á espreita.

azos: forza de ánimo.

best-seller: (expresión inglesa): éxito de librería.

cadeira: sillón.

cela: aposento pequeno coma os dos relixiosos nos conventos.

claustrofobia: aversión ós espacios pechados.

clímax: punto culminante.

dexergar: ver dende lonxe.

encostada: que está en costa.

encosto: parte das sillas para apoia-las costas.

entalados: apretados.

feble: débil.

grolo: trago.

lacazán: folgazán.

ladaíña: enumeración fastidiosa.

largacío: espacioso.

lixada: manchada.

manager (palabra inglesa): director, xerente.

masacre: asasinato en masa.

mergullarse: meterse debaixo da auga.

meeting: mitin.

noitébrego: nocturno.

orelleiras. Pezas para abrigar
　as orellas.

paroxismo:　manifestación
　aguda dalgunha afec-
　ción.

peirao: embarcadeiro.

perante: diante de.

psalmodia: salmodia, canto
　monótono.

rebumbio: barullo.

regalía: satisfacción.

renxer: facer ruído unha
　porta, etc.

señardade: saudade.

sex-appeal (expresión ingle-
　sa): atracción sexual.

sobranceiro: en lugar eleva-
　do, sobresaínte.

tatexar: falar repetindo as
　sílabas ou vacilando.

ubicuo: que está en todas
　partes.

vougo: vacío.

xenocidio:　matanza　dun
　pobo por motivos polí-
　ticos, etc.

xenreira: odio, antipatía.

CRONOLOXÍA

Ano	Vida e obra	Feitos históricos	Feitos literarios
1931	Nace en Sarria (Lugo)	Proclamación da II República española.	
1932			R. Otero Pedrayo: *Contos do camiño e da rúa*.
1933	Hitler é nomeado chanceler.		
1934			Castelao: *Os dous de sempre*. R. Otero Pedrayo: *A romeiría de Gelmírez*. V. Risco: *Mitteleuropa*.
1936		Comeza a Guerra Civil española.	
1939		Fin da Guerra Civil. Comeza a Guerra Mundial.	
1941	Empeza o bacharelato en Vigo (Colexio "Lábor").		
1945		Fin da Guerra Mundial. Bomba atómica sobre Hiroshima.	
1948	Remata o bacharelato. Empeza os estudios en Madrid.		

Ano	Vida	Feitos históricos	Feitos literarios
1950		Comeza a Guerra de Corea.	
1953			A. Fole: *A luz do candil.* R. Piñeiro: *Para unha filosofía da Saudade.*
1954		Batalla de Dien-Bien-Phu en Indochina.	G. R. Mourullo: *Nasce un árbore.*
1955	Sarxento de Complemento en Pontevedra.		A. Fole: *Terra Brava.* A. Cunqueiro: *Merlín e familia.* Novoneyra: *Os eidos.*
1956	Estancia en Londres.	Segunda Guerra arábigo-israelita. Crise de Suez. Crise de Hungría.	G. R. Mourullo: *Memorias de Tains.* A. Cunqueiro: *As crónicas do Sochantre.*
1957		Primeiro e segundo satélites artificiais soviéticos (Sputniks). Creación da C.E.E.	Creación da colección "Illa Nova". X.L. Franco Grande: *Vieiro Choído.*
1958		Primeiro satélite norteamericano.	X.L. Méndez Ferrín: *Percival e outras historias.*
1959		Triunfo de Fidel Castro. V República Francesa.	E. Blanco Amor: *A esmorga.*

Ano	Vida e obra	Feitos históricos	Feitos literarios
1960	Marcha ós EE. UU. *Lonxe de nós e dentro*		A. Cunqueiro: *Escola de menciñeiros.* R. Otero Pedrayo: *O Señorito da Reboraina.*
1961	*Como calquera outro día.*	J.F. Kennedy, presidente dos EE. UU. Construcción do muro de Berlín. Gagarin, primeiro home no espacio exterior. Guerra colonial en Arxelia. Desembarco anticastrista en Bahía Cochinos.	Días Castro: *Nimbos.* Silvio Santiago: *Vilardevós.* X.L. Méndez Ferrín: *O crepúsculo e as formigas.* V. Risco: *Leria.*
1962		Crise dos mísiles en Cuba.	
1963		Atentado mortal contra Kennedy.	Celestino F. de la Vega: *O segredo do do humor.*
1964	Profesor nun Instituto de Lugo.		X. L. Méndez Ferrín: *Arrabaldo do Norte.*
1965			Mª Xosé Queizán: *A orella no buraco.*
1967		Guerra dos Seis Días arábigo-israelita.	X. L. Franco Grande: *Entre o si e o non.* C. Casares:: *Vento Ferido.*
1968		Fin da Primavera de Praga. "Maio do 68".	X. L. Franco Grande: *Diccionario Galego-Castelán.*

CRONOLOXÍA

Ano	Vida e obra	Feitos históricos	Feitos literarios
1969	Casa. Traslado a Barcelona.	O home chega á lúa.	
1970	Nace a súa filla. Traslado a Pola de Siero (Asturias).		
1971			X. L. Méndez Ferrín: *Retorno a Tagen Ata.* A. Cunqueiro: *Xente de aquí e de acolá.*
1973		Os EE. UU. derrotados no Vietnam. Guerra do Yom-Kippur arábigo-israelita.	
1975	Traslada a residencia a Vigo.	Morte do Xeneral Franco.	
1980	*Cara a Times Square.*	Estatuto de autonomía de Galicia.	X. L. Méndez Ferrín: *Crónica de nós.*
1982		Guerra do Líbano. Guerra das Malvinas.	X. L. Méndez Ferrín: *Amor de Artur.*
1983	*Desfeita*	Fin da dictadura arxentina.	